只有机构知道

基金投资的自我修养

赵远飞　黄文　著

西南财经大学出版社
Southwestern University of Finance & Economics Press

中国·成都

图书在版编目(CIP)数据

只有机构知道:基金投资的自我修养/赵远飞,黄文著.—成都:西南财经大学出版社,2022.10
ISBN 978-7-5504-5503-0

Ⅰ.①只… Ⅱ.①赵…②黄… Ⅲ.①基金—投资—基本知识
Ⅳ.①F830.59

中国版本图书馆 CIP 数据核字(2022)第 149833 号

只有机构知道:基金投资的自我修养
ZHIYOU JIGOU ZHIDAO JIJIN TOUZI DE ZIWO XIUYANG
赵远飞　黄　文　著

策划编辑:何春梅
责任编辑:周晓琬
责任校对:肖　翀
封面设计:星柏传媒
责任印制:朱曼丽

出版发行	西南财经大学出版社(四川省成都市光华村街55号)
网　　址	http://cbs.swufe.edu.cn
电子邮件	bookcj@swufe.edu.cn
邮政编码	610074
电　　话	028-87353785
照　　排	四川胜翔数码印务设计有限公司
印　　刷	四川新财印务有限公司
成品尺寸	165mm×230mm
印　　张	12.75
字　　数	172 千字
版　　次	2022 年 10 月第 1 版
印　　次	2022 年 10 月第 1 次印刷
书　　号	ISBN 978-7-5504-5503-0
定　　价	68.00 元

推荐序

　　中国的股票市场正在不断发展和完善，居民家庭资产的优化配置也进入新阶段。基金投资恰逢其时。资产管理行业存在着委托代理关系。受人之托，代人理财。基金投资的生态中也存在着委托代理关系。投资者是委托人，基金经理和基金公司是受托人。一般情况下，市场认为受托人和委托人的利益存在不相容问题。基金公司追求资产管理的规模赚取管理费，投资者追求财富的保值增值获取收益。基金经理在这个过程中比较纠结：有的基金经理更想要规模，有的基金经理更想要业绩。那么，基金投资中不同主体的利益如何趋于一致呢？

　　这就需要实现一定程度的激励相融。实现激励相融的方式有两种。一种是被动，另一种是主动。被动激励相融的最直接方式是让基金经理跟投。但这种方式未必实际有效，因为有的基金经理选择跟投可能是出于打造人设的需要。主动激励相融的方式相对间接。这需要投资者拥有一套方法论和体系，寻找与自己志同道合的基金经理一起共同成长。这样才能从投资者的角度出发解决激励相融的问题。

　　做好基金投资，需要提高投资认知。投资者可以主动去了解基金经理处于一种什么样的工作状态，了解基金经理面临的困难和困惑，甚至其面临的两难选择，从而更好地理解基金经理、更好地选择基金经理并与基金经理对话。基金经理可以主动去了解投资者的诉求。机构投资者与个人投资者既有追求收益的一致性，又有作为不同主体的偏好异质性，个人投资者是值得基金经理深入了解的对象。最终通过双方增进了解和不断融合，实现投资者和基金经理的目标一致，以及双方的共同成长。

本书的两位作者既有长期从业经验，又有长期教学经验，毫无保留地分享了基金投资的方法和体系。本书凝结了他们多年的劳动汗水和智慧，十分难得，值得一读。希望每个热爱投资的人，都能在本书中有所收获，一方面通过提高认知实现相对收益，另一方面历经时间实现绝对收益。

赵静梅

西南财经大学教授、博士生导师

金融学院常务副院长

2022 年 9 月 7 日

自序

  时光荏苒，转眼间我与黄文老师已相识近十五年。黄老师是我的大学老师。在我求学和工作的旅途中，一直都有黄老师的指点与陪伴。黄老师擅长金融实务领域的教学和研究，我毕业后一直在金融行业从事投资实务工作。每年的春节，我们都会相约见面交流，一起探讨学习、生活、工作、投资、研究等诸多内容。这似乎成为一种默契。近两年由于疫情影响，我们的会面更多改在了线上。在过往多年的思想交流和碰撞中，有一个话题每次都绕不开——如何让国内的普通投资者可以长期在股票市场获得收益，从而实现居民财富的保值增值？我们最终探讨出的一个可行的方式是长期投资公募基金。

  尽管公募基金是普通投资者参与证券市场的重要工具，且国内公募基金整体在过往长期的股票市场中创造了良好的回报，但很多投资者个人并没有实际或有效获得与公募基金收益相匹配的回报。在多年的投资工作中，我积累了许多公募基金的投资管理经验，也对投资有一些自己的思考。2018 年 A 股市场大幅下跌，很多投资者都非常受挫。那一年春节我与黄老师相约在学校附近的购物广场吃午饭。饭桌上，黄老师说道："既然你有多年在机构从事基金投资管理的实战经验，我们何不把其梳理成书，在这个领域中做出一点研究的边际贡献，哪怕是为普通投资者尝试打开一扇了解机构投资体系的大门呢？"于是，写作这本书的旅程就此开始。想是问题，干是答案。作为学者和从业者的二人组合，我们的初衷是希望站在更为中立、更加全面、更有深度的视角，为读者呈现出机构投资基金的脉络和体系，以及我们自己对于基金投资的思考。全书没有高深的理论和纷繁复杂的推导公式，只是尽可能将基金投资中很多问题的底层逻辑梳理清楚，为读者提供机构看待基金投资的另类视角。正是因为投资理念和方法对于投资过程和投资收益会产生重要影响，我们深感肩上的责任。我们反复打磨和推敲了书中内容，并与出版社的策划编辑何春梅多次沟通，历时三年多，遂成此书。

非常庆幸，本书能够在此时和大家见面。过去三年的 A 股市场跌宕起伏，风格不断切换，结构化和机构化成为一种发展的趋势，公募基金的规模也不断发展壮大。关于这期间的投资思考，也融入本书的内容中。当在市场告别"躺平"就可以赚钱的时代，投资理念、投资逻辑和投资体系就显得更为重要。如果没有深度的投资认知，"资产荒"最终会演变为"资产慌"。长期主义看似简单，实则知易行难。成长股需要不断预判，但持续的预判意味着会经常错判。价值股的估值回归可以等待，但也需要谨防价值陷阱。那有没有一种放之四海而皆准的投资方法呢？答案是有，但也没有。坚持你认可的投资逻辑，并长期践行下去，并需要在时间维度上不断迭代——要么自己迭代，要么选择在迭代的人，或二者兼有。本书的写作也是作者自身成长和迭代的过程。不断迭代的投资逻辑贯穿全书，也希望为读者提供一种重新定义基金投资的视角。

希望每一位投资者，都可以在未来的投资旅途中收获业绩和成长。感谢本书的责任编辑周晓琬对本书的辛勤付出，也感谢各位业内外人士对本书出版的支持。投资没有终点，欢迎各位读者批评指正。

赵远飞

2022 年 9 月 7 日

前言

　　普通投资者在股票投资中长期持续盈利很难。公募基金作为 A 股市场专业的机构投资者，为投资者提供了资产配置的便捷工具。过去三年，基金投资者们度过了一段幸福的时光。之所以是幸福的时光，是因为股票基金的赚钱效应明显。从股票基金总指数来看，2019 年、2020年、2021 年的收益率分别是 41.09%、44.54%、5.87%。数据显示，将资金投入股票基金是大概率赚钱的事情，但这并不意味着投资者买入基金一定可以获得等同于股票基金总指数的收益水平。尤其是 2021 年市场让诸多投资者印象颇深。

　　2020 年的投资者刚学会坚守核心资产，2021 年市场马上切换到了赛道投资模式。作为许多公募基金产品业绩基准的沪深 300 指数全年下跌超过 5%，曾经业绩排名靠前的明星基金净值大幅下跌。无论个人或机构投资者，有相当一部分比例在 2021 年的投资以亏损结尾。虽然很多公募基金收益率不错，然而现实中很多"基民"也时常亏损；仅有一部分运气好或专业的投资者，获得了正回报。主观的赚钱效应和客观的亏钱结果往往令投资者感到困惑。基金投资越来越成为一件不那么容易且相对专业的事情。除了普通个人投资者外，大量的机构投资者也参与投资公募基金。机构投资者能够在基金投资中有所收获，在于其拥有"护城河"。

　　市场上介绍基金投资的书籍很多，但大多数基于个人投资者的视角。**本书跳出单纯的选股或者选基策略，力求呈现机构投资者在基金投资方面的框架体系。权益类基金对于提高机构投资者业绩弹性，实现个人投资者中长期财富的保值增值意义重大。**如无特别说明，本书的讨论聚焦于国内公募基金产品中的权益类基金，希望通过这微末的冰山一角，为投资者打开了解和学习机构投资方法的大门，从而对基金投资有所启发。

基金投资是一场修行。要想在基金投资的江湖中游刃有余，就需要一身过硬的本领。灵活的招式匹配扎实的心法，方能运用之妙，存乎一心。基金作为投资的"剑"，最终需要人来合理运用。本书一共四篇，包含起手篇、心法篇、实践篇和总结篇。起手篇介绍了基金投资的常识，厘清了一些概念、定义和流程，便于投资者了解机构的基金投资框架和版图。心法篇凝聚了对于投资中诸多话题的本质思考：一方面探讨了主动投资和被动投资的特点和差异，以及怎样选择主动管理的基金经理和被动投资的工具武器；另一方面介绍了机构进行组合投资的方法、量化基金的起源和投资内核等。实践篇介绍了如何从市值风格、行业主题等角度选择和投资基金。总结篇对投资尤其是机构投资基金的一些问题进行了深化讨论。整体而言，起手篇希望为读者呈现机构投资基金的整体框架，心法篇从主动、被动、量化、组合管理等方面介绍基金投资的方法，实践篇基于市场风格和行业主题的视角探讨如何投资基金。总结篇结合心法与实践，搭配构成投资闭环，对过往的投资实践案例进行了复盘和思考，最终让投资者体悟、察势、识人、辨物、观心，努力追求投资中的"人剑合一"乃至"无我无剑"的境界。

机构投资者是投资公募基金的中坚力量。本书以公募基金为载体，希望将机构投资者的基金投资理念和方法，呈现给更多的读者。当普通投资者了解了专业机构在基金投资上的工作后，将更能体会基金经理在投资上的不易，理解专业机构投资者存在的价值，从而在信息进一步对称的前提下，在投资的道路上拥有更加自由的选择。投资是面向未来的，我们希望本书能够帮助投资者寻找到未来可以获得更好收益的投资方法或者投资标的，而不是着眼于书中示例的基金产品。因此，如无特别说明，本书选取数据的时间截至 2021 年 12 月 31 日，书中的基金经理和基金产品也仅为示例和参考讨论，无法穷尽，也不作为投资建议。本书的部分内容，来自笔者与诸多基金经理、研究员、卖方分析师、企业人士和投资者的交流思考，汇聚了投资业内外人士的智慧结晶，在此表示感谢。

　　资本市场上反映出的东西，一部分是我们自身修养的投射。本书的内容包括但不限于：机构投资者怎样建立基金投研体系，如何分析基金经理和看待不同基金类别的特点，机构投资者面临什么样的约束条件等这些基金投资的自我修养。本书不提供让你一夜暴富的基金投资大招，而是致力于帮你了解如何选择合适的基金。希望本书在变化莫测的市场中能够给你提供一个投资的锚。投资的道路上，让我们多一些冷静与客观的思考，一起洞见更多的规律与本质。

赵远飞

2022 年 5 月 20 日于鹏城

CONTENTS 目录

起手篇

心法篇

实践篇

总结篇

起手篇

投资是身体力行的自我修行，基金投资亦是如此。这是一场不断提高认知的旅行。长期主义为何知易行难？基金投资的江湖生态结构如何？机构投资者究竟拥有怎样的基金投资体系？起手篇，为您打开修行的大门。

第一章

开卷有益：忽如一夜春风来

投资是认知在时间和空间维度上的变现。投资基金的流程包含研究、交易和应对波动。工欲善其事，必先利其器。先厘清一些基金投资中的重要问题，对于后续的基金投资是大有裨益的。

▷ 第一节　投资的心理准备

一、理性对待投资风险与波动

对于部分热爱甚至是挚爱投资本身的投资者而言，投资本身或许已经成为他们最重要的目标。但是对于普通的投资者而言，投资本身不是唯一目标，而是通过投资实现不同的投资效果。

一般的机构投资者投资需要实现相应的考核目标。就个人投资者而言，投资可能是实现人生旅程中各个小目标的重要方式。买房、买车、提高个人生活水平、父母养老、结婚准备、小孩教育，等等，这些方面都涉及资金的大额支出。通过提前规划，叠加投资基金，获取适当的投资收益，最终助力实现相应的目标。因此，投资应该是可以带来快乐的，正如巴菲特所说，"跳着踢踏舞去上班"。

但真实的投资过程却并非一帆风顺。股市有涨有跌，基金的净值时高时低。部分投资者因为投资收益的变化，心情起伏不定，从而导致大喜大悲。这其实背离了投资的初衷。投资是为了让生活变得更美好，而不是让情绪被投资绑架。我们需要理性应对市场的波动。要想理性应对波动，便要在投资之前定好规矩，不要做马后炮。

二、投资是场持久战

长期投资和价值投资在历经互联网的传播后深入很多普通大众投资者的心。当市场剧烈波动的时候，部分投资者情绪也随之波动，表现为盈利时对基金经理千恩万谢，亏损时对基金经理弃若敝屣。这些人性的弱点，是长期主义投资路上的绊脚石。先想好自己能否承受波动，再考虑是否入市，方为上策。

长期投资借助于时间的复利获得可观的回报。投资界的名人有言，"带成本的杠杆是长期投资的敌人"。在我们看来，杠杆并非最致命的投资杀手，缺乏耐心和极度懒惰，才是站在长期主义对立面的攻心敌人。缺乏耐心，容易无法承受波动过早止盈或止损；极度懒惰，容易在好资产下跌时提前说再见。这些最终都会导致投资者难以充分享受复利带来的几何级数的回报威力。

长期主义需要注意三点：第一，基金投资的资金最好是闲余资金，既要保证投资后不会影响正常生活需求，又要确保在可能发生重大开支时能够快速提取。第二，不要轻易借钱甚至高成本放杠杆①投资，如果一招亏损则满盘皆输。第三，投资者的自我修养。投资者要适当勤奋，通过自身努力创造更大的价值，从而获得更多的现金流；还要不断提高认知，对投资的标的有足够的把握，能够在下跌的过程中保持强大的信心。因为其他投资别人可以模仿，投资者自身素质过硬才是投资中最重要且最难以复制的优势。

---

① 放杠杆的作用是放大投资的资金，即以借款方式取得资金来投资。例如：手里只有10万元本金，加四倍杠杆就有了40万元的账户。这在本金之外加的30万元资金即是杠杆资金，一般需要支付相应的借款成本。

▶第二节　基金投资的常识

一、什么是基金与基金投资

基金，英文是 fund，广义是指为了某种目的而设立的具有一定数量的资金。本书提到的基金属于证券投资基金。证券投资基金的底层资产主要投向股票、债券、银行存款等标准化金融资产。基于国内居民财富未来向权益类资产配置的大趋势，以及机构投资者增强收益弹性的需要，本书讨论的基金指主要以股票作为收益来源，且是由国内基金管理公司发行的公募基金产品。

基金投资，顾名思义，是投资者通过买卖基金产品，从而实现资产的保值增值。具体到基金投资的实施层面，包含申购（买入）、赎回（卖出）、转换等不同操作。其中，基金转换是指投资者将一只基金产品转换为另一只基金的行为，一般同一家基金公司发行的不同基金产品，只要是登记在相同的 TA（transfer agent）系统，便可以进行转换。TA 系统是中国结算公司开放式基金登记结算系统的简称，可以理解为是登记投资者持有基金情况的账簿，在同一个账簿里的基金可以相互转换。

二、基金投资的主体与客体

基金投资的生态圈里主要有投资者、基金公司、行业管理者、基金经理和基金产品等。

我是机构投资者吗？

投资者是资金的提供方，主要分为个人投资者和机构投资者。机构投资者是符合国家有关规定可以投资基金的组织机构，包含但不限于银行、证券公司、保险公司或保险资产管理公司、社保基金、养老基金、企业年金、私募基金、信托公司、其他企业等。

什么是基金公司？

基金公司是基金管理人，也是资金的接收方，是基金产品的管理机构。本书提到的基金公司主要指国内的公募基金管理公司。基金经理是资金的管理者，具体负责基金产品里资金的投资运作。基金产品是基金投资链条中的落脚点和载体，与基金经理共同作为基金投资者的投资对象。机构投资者看好某一位基金经理，通过投资该基金经理管理的基金产品从而借助基金经理的投资能力获取收益。有时候我们说机构投资者投资基金经理，实际上指的是投资该基金经理管理的基金产品。

投资者是基金投资的主体，基金经理管理的基金产品是基金投资的客体。

行业管理者有哪些？

基金投资领域的管理者负责维护基金投资生态圈里的正常秩序。根据职能和管理对象的不同，包含监管机构中国证券监督管理委员会（证监会）、中国银行保险监督管理委员会（银保监会），证券业自律性组织中国证券业协会、非营利性社会组织中国证券基金业协会，以及证券交易所等。

基金经理：基金投资江湖中的"侠客"。

投资江湖"侠客"众多，各持其道，各有所长。国内基金经理人才辈出，创造超额收益的武功心法各有不同。"市场派"修习择时，有的追求时空量价，有的喜欢行业轮动；"价值派"修习择股，有的偏好低估值，有的挖掘成长股；"综合派"希望集各家"武学"所长，同时修炼择时择股；还有很多其他门派。有自上而下从宏观到微观的投资方法，有自下而上精选个股的投资方法，还有大势研判和行业轮动等投资方法。随着投资江湖的逐渐演变，各家的"武学"也不断融合。

基金产品：基金投资的对象。

基金投资的对象是基金经理管理的基金产品，机构投资者在投资某基金产品时，有时会表达为投资该基金经理。基金产品根据运作方式和底层资产分为不同类别。

从运作方式来看，基金可以分为封闭式和开放式基金。封闭式基金在发行完毕后的规定期限内发行份额固定不变，期间一般不再开放申购和赎回。开放式基金在成立后总份额不固定，除特殊时间外每个交易日正常开放，投资者可以根据需要申购（买入）和赎回（卖出）。介于完全封闭式和开放式基金之间的是半开放式（半封闭式）基金，即定期开放申购和赎回，期限设置区间有周度、月度、季度、半年度、年度等。

业内人士基于投资的便利性，根据底层资产的不同对其进行了分类。底层资产以债券等固定收益类金融工具为主（股票等权益类资产的比例不高于20%）的基金属于固定收益类基金，包含货币型基金、债券型基金等。货币型基金主要投资于债券、央行票据、回购等安全性极高的短期金融品种，又被称为"准储蓄产品"。债券型基金中，不投资于股票、权证等权益类资产的基金属于纯债型基金。底层资产以股票为主的基金（股票资产占比不低于80%）属于股票型基金。其余的基金通常属于混合型基金。这里补充一个概念，业内人士一般将混合型基金和股票型基金合称为权益类基金。

根据交易方式的不同，基金包含交易型开放式指数基金（exchange traded fund，ETF，通常又被称为交易所交易基金）、上市型开放式基金

（listed open-ended fund，LOF）、普通场外基金。ETF 需要证券账户进行交易，可以在二级市场直接买卖，无法在场外申购和赎回。LOF 既可以在场外申购赎回，也可以在二级市场买卖。普通场外基金不能在交易所买卖，只能进行场外的申购和赎回。合格境内机构投资者（qualified domestic institutional investor，QDII）基金不以交易方式划分，而是投资境外市场的基金产品。

▷第三节　基金投资的风险与定投误区

一、基金投资的风险

基金投资不是一件稳赚不赔的事情。在投资基金前，我们先认识基金投资的主要风险。一般来说，**基金投资的风险包含市场风险、基金经理的风险、政策风险、交易风险等。**

市场风险是所有投资者都需要面对的风险，只要参与了基金投资的市场，其涨跌就与投资者息息相关。市场好的时候基金投资能够盈利，好比水涨船高。市场不好的时候基金投资可能亏损，好比覆巢之下，岂有完卵。

基金经理的风险涉及两个方面：一是基金经理人员变动的风险，二是基金经理投资失误的风险。机构投资者在投资基金的过程中，需要关注基金经理的任职变动情况，如果投资的基金经理发生变动，则需要对基金产品进行重新评估。基金经理在瞬息万变的市场中投资，总是有得有失，机构投资者的基金收益会随着基金经理的投资结果而波动。因为看好基金经理从而投资，需要容忍基金经理投资失误的风险。

政策风险主要是机构投资基金的政策发生变化，或投资的基金因为政策变化而需要做出改变等。政策风险一般来说是不可抗的。

交易风险是机构投资者在投资基金的交易环节，申购（买入）或赎回（卖出）失败的风险。交易风险可以通过为交易留出适度的弹性时间和空间，增强交易训练来进行改善。

二、基金定投的误区

基金定投（本书后续简称"定投"），简单来说就是把资金定期投入某个基金品种。因此，定投在解决了基金投资在时间维度上的问题后，投资金额和投资品种成为尚待解决的问题。稍有不慎，容易陷入误区。

第一大误区，定投即"定期定额投资"。事实上，定期定额和定期不定额都是定投的一种方式，需要根据不同投资者的投资约束条件综合厘定。

第二大误区，定投最好就是投资指数基金。指数基金固然有其优势，但也不是所有的指数基金都适合定投。对投资者来说，可以选择长期往上的和有望均值回归的指数。如果选择了一个长期往下的指数，那就是投资者的悲剧。此外，对于优秀的主动管理型基金，也可以结合自身的风险承受能力进行定投。不要投前就先把指数基金和主动基金分个高下，给自己上了一把无谓的枷锁。

第三大误区，定投以投资 A 类份额的基金为佳。同一基金，根据不同的收费标准，设定了不同的份额。因此很多基金的后缀上有 A/B/C 等字样。A 份额一般是前端收取申购费，持有较长时间后免赎回费。B 份额一般是后端收费，申购时不收费，赎回时一并收取手续费。C 份额一般是免除申购和赎回费，根据持有时间收取销售服务费。但也有部分基金的 B 份额是不收取申购费和赎回费的。例如南方基金的南方天天利货币 B（003474.OF），是每年收取 0.01% 的销售服务费。此外，不同基金根据发行的渠道、投资者和投资币种不同，也设定了不同的份额。因此，投资者在投资基金的时候，需要将基金的相关信息了解清楚，以基金合同为准，不可仅凭感觉。

第四大误区，定投不需要择时。不择时的定投固然可行，但是辅之以估值等多种策略工具，有助于增加投资收益。例如，在市场普遍高估甚至泡沫的时候投资，和在市场低估甚至极度低估的时候投资，其结果差异明显。这里并不是鼓吹择时万能，而是进行投资研究的讨论。买在恐慌或市场低估，卖在高点或市场高估，虽然不是基金投资获利的唯一方式，但却是重要的方式。

投资笔记

投资是认知在时间和空间维度上的变现。

长期投资借助于时间的复利获得可观的回报。

一般来说，基金投资的风险包含市场风险、基金经理的风险、政策风险、交易风险等。

买在恐慌或市场低估，卖在高点或市场高估，虽然不是基金投资获利的唯一方式，但却是重要的方式。

第二章

机构一瞥：初识庐山真面目

当前市场上赚钱的基金越来越多，但个人投资者似乎从基金身上赚到的收益与之并不匹配。这是投资者和基金之间的重要矛盾。信息化时代，投资者接触到的信息越来越多，但信息真伪和适用范围并无定论。"被动指数基金费率低，所以相对主动管理基金优势突出""大基金公司产品好于小公司""基金的个人投资者相对机构毫无优势""医药基金里有科技股就是风格漂移"等观点，经常被部分投资者奉为圭臬。真实的基金投资世界是否如此？机构投资者究竟拥有什么样的投资体系？投资基金需要具备什么样的自我修养？从本章开始，将为您揭开层层面纱，开启"淘基掘金"的修行之路。

▷ 第一节 公募基金的机构投资者版图

近年来资产管理行业不断发展，公募基金逐渐成熟，国内机构投资者的数量也日益增加。沪港通、深港通的开放，在合格境外机构投资者（qualified foreign institutional investor，以下统称"QFII"，不单独区分沪深港通和 QFII 通道）的基础上，大大拓展了外资进入国内投资的渠道和额度。公募基金的机构投资者版图不断扩大。

从最新公布的数据来看，当前公募基金的机构投资者有保险公司、证券公司、社保基金、企业年金、私募基金、信托公司、其他企业、QFII、基金中基金（funds of funds，简称 FOF 基金）等。其中，保险、券商、社保、QFII 是持有者中的主力。一方面是这些机构的管理资产规模相对较大，另一方面是其在公募基金市场上的投资起步较早。以保险公司为例，保监发〔1999〕206 号文《保险公司投资证券投资基金管理暂行办法》便对其投资公募基金进行了相应规定，2003 年对该办法进行了修订。2021 年年报显示，权益类基金的机构投资者占比超过19%；债券型基金、货币市场型基金和另类投资基金等其他产品的机构投资者占比超过 39%（见图 2-1）。汇总上市基金 2021 年中报公布的前十名持有人信息可以发现，上市基金的机构持有人合计 450 位，持有基金份额约 1 411.19 亿份，平均每家机构持有 3.15 亿份。叠加其他未上市基金，这一规模将会更大。

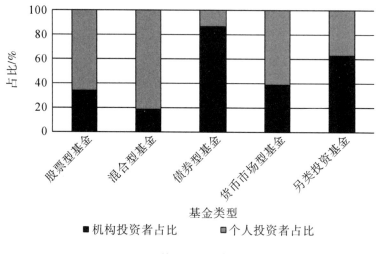

图 2-1　基金市场投资者结构

▶第二节　机构投资者投资基金的准入

　　尽管机构投资者是投资基金产品的重要力量，但机构投资者的选择范围是有一定边界的。正所谓"无规矩不成方圆"，机构投资者投资基金前，需要先将符合投资条件的基金进行准入，也就是纳入机构投资的"武器库"中，以便需要投资时可以直接调用。

一、机构投资者投资基金的方式与流程

基金产品的销售方式一般包含代销和直销两种。

代销是基金公司将产品通过代销渠道销售给基金投资者。以天天基金、蚂蚁财富、理财通、银行、券商为例，投资者通过这些渠道投资基金，便属于代销方式，代销平台收取一定的销售费用。对普通个人投资者而言，代销平台上面拥有不同基金公司的多类产品，可以实现一站式的投资行为，较为便捷。除货币类基金和 C 类份额基金[①]外，基金投资一般会收取申购费，申购费率根据投资金额的增加进行递减。对于小资金而言，部分代销渠道为了吸引投资者参与，申购费率拥有一定的折扣。

直销是基金公司直接将基金产品销售给投资者，投资者的交易对手是基金公司。基金直销没有代理费。机构投资者的投资金额相对大一些，在投资金额达到 500 万元或者 1 000 万元时，基金的申购费率一般在 1 000 元/笔或者 2 000 元/笔，相对来说费率比较优惠。基金公司有时为了提高直销客户占比，优化投资者的投资体验，会在直销渠道上对基金投资费率进行统一的减免或者折扣。直销的优惠费率有时候并不适用于代销渠道。有的基金公司会定期对直销客户进行回访，尤其是对普通的个人投资者客户。直销的投资方式是许多机构投资者采用的基金投资方式。直销的优势在于：一方面机构投资者直接与基金公司对接，可以与基金公司或者基金经理进行投资调研交流，便于跟踪研究基金产

---

① 货币基金是专门投向风险小的货币市场工具，区别于其他类型的开放式基金，具有高安全性、高流动性、稳定收益性、"准储蓄"的特征，一般不收取申购费。C 类份额基金一般免收申购费，根据持有时间每年收取一定比例的销售服务费。

品；另一方面，机构投资者通过直销方式可以对相同基金公司旗下登记在同一 TA 系统的不同基金产品进行相互转换，节省了交易时间。

从基金的交易方式来看，基金的投资方式包含场内和场外两种。场内交易是指投资者通过证券账户在二级市场对基金进行买卖，这类投资方式通常包含 LOF 基金、ETF 基金和封闭式基金。其交易形式与股票相似，通过委托竞价促成交易，不存在基金认购①费用或申购费用以及赎回费用，交易费用以券商佣金比例计算。场外交易是指投资者通过销售平台（直销或代销）进行基金的申购（认购）或赎回。申购（认购）是买入，赎回是卖出。这类方式包含大部分基金类型，也是目前普通投资者参与最多的基金投资方式。机构投资者一般通过场内交易投资 ETF 基金和封闭式基金，以 ETF 基金为主；通过场外交易投资的大部分是普通的开放式基金。

二、机构投资者投资基金的条件与限制

机构投资者投资基金时，交易对手和基金产品需要满足准入条件。

交易对手一般涉及基金公司、证券公司。基金公司是拟投资基金产品的管理人，而证券公司则是拟选择的场内交易的券商机构。不同的机构投资者会有不同的准入条件和要求。通常是在满足监管要求的基础上，各家机构投资者再根据自身情况进行调整。对交易对手的考察包括但不限于成立时间、公司治理、管理规模、投研团队、历史业绩、是否有违法违规行为等。主要目的在于确保交易对手合法合规，有经验、实力和品格进行相关合作。

基金产品的准入涉及产品规模、成立年限、投资策略、历史业绩、基金经理等方面。产品规模太小不便于机构投资者的进出，容易造成投

① 新基金在成立过程中的投资一般称为认购，成立后老基金的投资一般称为申购。

资的冲击成本。为了降低投资的集中度和流动性风险，机构投资者往往会规定投资单只基金产品的规模上限比例，例如不超过基金产品最新总规模的40%。基金产品成立年限是为了和后面的投资策略、历史业绩、基金经理等进行挂钩，是为了验证拟入池基金能否成为一只经历考验，不仅在过去符合要求，并且在未来持续符合要求的产品。同时，成立的基金产品投资者结构存在不稳定的可能。普通的机构投资者会投资成立时间一年以上的基金，因为届时基金历经建仓期后开放申赎，投资者结构会相对稳定。许多机构投资者很少投资新履职的基金经理，因为这类基金经理缺乏历史投资业绩，难以评估。对于基金经理的任职时间，一般机构会要求三年以上，以便剔除运气的因素。但这对部分新履职而有潜力的基金经理来说，是值得商榷的。

▷第三节　机构投资基金的普遍偏好

正如不同类型的武侠门派喜欢使用不同风格的武器，不同类型的机构对基金经理和产品的偏好也有所不同。有的喜欢稳健，有的偏好进攻，有的追求平衡，等等，可谓是萝卜青菜各有所爱。尽管机构投资者持有基金的类型和偏好各有不同，但在对于基金经理或产品的投资考量上，却具备一些共同的特征。

第一，资金属性决定机构投资风格偏好。其中，投资期限和收益率要求是两个十分重要的因素。市场上常有人论及价值投资和长期投资，其实这是一件十分奢侈的事情，需要依赖较长的投资期限和对风险的容忍。如果资金的期限是十天或者一个月，同时对于亏损的容忍度很低，那么，机构在投资上只有尽可能选择稳健和流动性强的基金产品，如货币基金。倘若是想在股票基金上奋力一搏，除非是投资高手中的高手，同时市场配合，否则很难在短期内全身而退。因此，基于投资期限和收益率两个指标，可以构建出二维的四个象限。机构投资者的投资风格和偏好，基本落在这个二维世界里。当然，这里加上回撤控制或者风险容忍度指标，将会更加接近现实。这时候就是一个三维立体空间。

第二，基金经理的投资风格不漂移。对于机构投资者而言，他们希望所投资的对象是专注的，也即投资风格明晰。比如，一位基金经理专注成长股投资，机构因看好成长股对其进行投资，即机构看重的是该基金经理成长股的投资能力，正所谓求仁得仁。但如果最后成长股行情启动，该基金净值却表现平平，事后交流方知其持仓偏向在价值股上。如此便是风格漂移，挂羊头卖狗肉。机构投资者最后往往会选择用脚投票①，撤走资金而另觅他处。

第三，重视基金经理业绩的可持续性。机构投资者投资基金经理，会参考其历史业绩，但更看重的是其在未来持续创造优秀业绩的能力。因为历史业绩代表过去，是后视镜。靠看后视镜开车前进，是十分困难的事情。

第四，适度考虑交易成本。同样类型的产品，更低的交易成本在长期来看将产生更好的收益。因为省下来的成本部分成了生息资产，而非费用支出。

---

① 用脚投票：指在资本市场上，投资者可以抛售不认可的投资品种，来表达其对该投资品种的否定态度。用脚投票就是用脚"踢"开它，表示不赞同、不选择的意思。

▶第四节　专业投资者的基金投资体系

专业机构投资者相较于普通个人投资者，在投资基金上一般会有自身的投资体系。他们的投资是定量分析和定性分析的结合。一般而言，机构投资者的基金投资体系（见图2-2）围绕基金池开展，大致会包含以下几个部分。

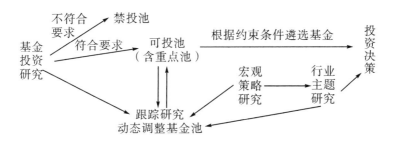

图 2-2　机构投资者的基金投资体系流程

第一，构建基金池。机构投资者会花大量的时间，对市场上的基金进行研究、判断和选择，从而挑选出适合的品种进入可投资的范围，这便是基金池。基金池一般分为三类：可投池、重点池和禁投池。一般品种进入可投池，重要的投资品种进入重点池，因为各种原因不能投资的基金进入禁投池。这样的话，好比是构建了一个武器库。当机构需要投资基金时，便直接从可投池中挑选出品种进行投资，效率得以大大提高。

第二，对基金池中的基金进行持续跟踪，不断挖掘优质投资标的补充进入基金池。如此一来，这个基金池便是动态变化的，会根据市场情况和基金经理的情况不断优化。这些跟踪和考察，源于机构投资者对基金公司和基金经理的调研。这也是专业机构投资者相较于普通个人投资者所具有的信息优势。

第三，根据投资的约束条件开展基金投资工作。一方面，投资基金需要考虑公司关于投资期限、收益率、额度等的要求。另一方面，投资基金需要结合当时的宏观经济基本面和市场情况，制定相应的投资策略。

由此观之，对于机构投资者来说，基金的投资是一项系统工程。

▶第五节　机构投资基金的一般策略

机构投资基金通常采用自上而下和自下而上相结合的策略，在组合构建的时候会系统性地考虑宏观、中观和微观因素。

一、自上而下与自下而上

自上而下的策略是通过宏观经济研究、行业研究、策略研究等，寻找到结构上更容易具备超额收益或者赚钱效应的细分板块或行业主题，再在相关领域寻找适合投资的基金品种。这类方式类似于"寻找鱼群聚集的地方捕鱼"，注重前端资产配置，以获得细分市场的平均收益为主要目标，至于说最终选择何种捕手来捕获何种鱼类，则不那么重要。

自下而上的策略是以挖掘具体的基金品种或者调研基金经理为出发

点，适度关注宏观经济和市场的整体趋势，更加相信投资回报在概率上的幂律分布[①]，致力于寻找能够持续创造超额收益的优质投资标的。这类方式类似于"寻找具有突出捕鱼能力的捕手捕鱼"，接受中长期看好的宏观经济的环境，相信优秀捕手的捕鱼能力和不同捕手之间的优势互补，以微观组合映射和应对宏观市场，最终获得超额收益。

理想状态是既通过自上而下获得市场平均收益，又通过自下而上获得超额收益。这类似于很多机构投资者常常言及的战略资产配置（strategic asset allocation，SAA）和战术资产配置（tactical asset allocation，TAA）。SAA 注重长期资产配置，不能频繁调整。TAA 注重中短期资产配置，会根据市场情况进行投资调整。现实状态下许多机构投资者日常的工作以 TAA 为主，在具体的基金投资策略上有的偏向自上而下，有的偏向自下而上。高阶和优秀的资产配置是一门宏大的学问。本书以研究机构投资者的基金投资为主，不对资产配置做过多讨论，致力于在基金投资的细分领域完善自我修养。

二、市场范围选择

机构在投资基金涉及的市场范围方面，主要包含 A 股市场、港股市场和全球市场[②]几类。投资 A 股市场的基金产品是大部分机构投资者可以选择的。如果投资境外市场[③]，机构通常需要获得外汇额度和境外投资的资格。国内通过港股通投资的港股市场的基金产品，可以视同 A 股市场的产品，不需要特别的监管审批。机构投资者目前以 A 股市场

---

　　① 幂律分布：一种强调重要的少数与琐碎的多数的分布。这里主要是指少部分投资标的贡献了投资组合中的大部分收益。投资需要致力于寻找这类"关键少数"的投资标的。

　　② 全球市场：通常包含内地市场、香港市场和其他境外市场。

　　③ 境外市场一般指内地市场以外的市场，包含香港市场。

为主，港股市场次之，其他境外市场为补充。

如果想要投资不同地域证券市场以获得该市场的平均收益，机构投资者一般通过投资相应市场的宽基（规模）指数基金来实现。以投资 A 股市场为例，机构投资者可以通过投资跟踪上证指数的基金产品获得大盘平均收益，通过投资跟踪创业板指数的基金产品获得创业板的平均收益。

如果是希望获得超越市场的平均收益，机构投资者则需要挖掘相应市场的主动管理类基金，这类基金由基金经理主动选股。目前投资 A 股的基金产品数量较多，投资境外市场的可选基金数量相对较少。

三、市场变化应对

市场中有一种言论是机构投资者通过"高抛低吸"割"个人投资者"的韭菜。事实上，这种说法是有失偏颇的。机构投资者选择投资基金后，依然需要承担基金所在证券市场的系统性风险。当市场整体下跌时，机构投资者由于资金规模较大，无法像个人投资者一样灵活赎回，往往需要承担投资组合的净值回撤。因此，大部分机构投资者需要从中长期的维度去进行基金投资，对于短期的市场频繁变化需要被动接受，适度应对。

一般情况下，机构投资者按照市值大小（大盘/小盘）和市场风格（成长/价值）形成的四种组合特征来描述市场阶段的状态。当市场阶段表现为某种特征时，机构投资者往往存在三种不同的应对方式，"顺应、逆向和均衡"，也就是说机构投资者之间并不具备完全一致的行为，存在分歧。正是这样的分歧，才使得不同的机构投资者在面对相同的市场环境时最终获得不同的投资业绩。

假如当下的市场以大盘成长风格为主，机构投资者则拥有三种可以选择的应对策略。策略一是顺应市场，投资的假设是趋势仍将延续，提高以大盘成长风格为主的基金配置比例（超配大盘成长），降低其他风格的基金配置比例（低配其他）。策略二是逆向投资，投资的假设是趋势即将反转，降低以大盘成长风格为主的基金配置比例（低配大盘成长），提高其他风格的基金配置比例（超配其他）。策略三是均衡投资，投资的假设是风格无法预测，均衡配置大盘成长风格和其他风格的基金（全部标配）。事实上，策略一和策略二虽然看似不同，但都是积极进攻的策略，对未来市场的演变进行了预判。策略三是防守，预测不准未来风格将如何演绎所以均衡配置。换句话说，均衡都是防守，偏离才是进攻。

理想状态下的市场风格的演绎会从大盘成长占优到进入均衡，再演变到其他风格占优。按照这样的时间路径，策略一的机构投资者当下受益，策略三的机构投资者即将受益，策略二的机构投资者未来受益。

事实上，市场的风格演变不会特别完美。众多投资者的一致行为最终会使得市场要么是从一个极端到另一个极端，要么是进入纠结拉锯状态。也就是说，三种策略都可能在特定的时间阶段获得特定的收益空间。但是策略什么时候有效，以及有效期限持续多久，就是见仁见智的事情了，需要事后来验证。机构投资者需要根据有限信息做出投资决策以应对未来。打破这样令人难以决策的约束条件就是时间。如果缩短机构的投资期限，机构投资者更加看重短期的投资结果，那么就会导致机构的从众行为，在当下占优的市场风格上超配，然后到了某一个临界点再切换到另一个风格，市场的波动加大，机构的博弈加剧，最终大部分机构受损。如果拉长机构的投资期限，机构投资者更加看重未来的投资结果，那么应对当下的市场风格或许就更容易坚守本心，减少博弈，波动减小，最终大部分机构受益。时间拉长，短期的波动都是浪花。

23

四、基金经理选择

所有基金投资策略最终的落脚点都是基金经理，所以对于基金经理的选择显得尤为重要。

根据基金经理投资策略的不同，**机构投资者往往将基金经理分为三大类：指数基金经理、主动基金经理、量化基金经理。**指数基金经理属于被动投资范畴，管理指数基金或者指数增强基金。普通指数基金以获得跟踪指数的基准收益为目标，基金产品复制指数；指数增强产品在符合跟踪误差的要求下，力争获得超越基准指数的收益，基金产品一般80%投资于基准指数的样本股，20%投资于指数样本外的股票。主动基金经理属于主动投资范畴，管理主动管理类的基金产品。该类基金经理通过积极主动的投资，力争获得超越市场的回报。主动基金经理大多需要参与市场的相对排名，根据投资业绩情况获得相应的名次，这成为机构投资者选择主动基金经理的重要指标。量化基金经理介于主动投资和被动投资之间，以计算机编程等工具为依托，通过将投资策略模型化、提高交易换手率，获得相应领域的超额收益。不同于指数基金按照指数规则的复制和模仿，量化基金非常依赖于量化投资策略模型的有效性，一旦投资策略模型无效，可能造成基金投资的损失。整体而言，除部分基金外，指数基金和量化基金主要以分散持仓的方式赚取市场广度收益，主动基金主要以集中持仓的方式赚取市场深度收益。

机构投资者在选择基金经理时，面临过去、现在和未来的三重选择。根据长期历史信息选择过去表现优秀的基金经理，根据短期数据选择当下市场表现优秀的基金经理，根据或有信息选择未来可能表现优秀的基金经理。投资是面向未来的。机构投资者投资基金的初衷是希望基金经理未来能够创造收益。

理想的状态是选择历史业绩优秀，当下表现优秀，未来大概率继续优秀的基金经理进行投资。但现实中这往往是无法兼得的。长期有效的投资策略可能短期无效。再优秀的基金经理也有可能存在短期业绩表现欠佳的情况。次优的选择基金经理的投资策略为**白马策略，即选择历史业绩优秀的基金经理，假设他们继续优秀的概率很大。**

灰马策略是选择符合当下市场风格的基金经理，假设市场的风格继续延续。这类策略通常是选择近一年业绩占优，近一季度业绩占优的基金经理。这些基金经理短期业绩被市场验证，基于动量效应获得机构投资者青睐。

黑马策略是选择未来有望表现突出的基金经理，假设基金经理的能力终将被市场认可。这类策略通常以定量数据为辅，定性分析为主，是基金经理选择中的高阶打法。对于有历史业绩的基金经理，历史业绩仅作参考，对于没有历史业绩的基金经理，可以考察其投研能力。选择这类基金经理的机构投资者是选择相信自己的投资经验和判断，如果选择对了往往会带来投资业绩的惊喜。

白马策略是机构投资者需要学习的，灰马策略是机构投资者容易实施的，黑马策略是机构投资者值得追求的。无论哪种策略，最终都需要市场验证。

投资笔记

机构投资者投资基金前，需要先将符合投资条件的基金进行准入，也就是纳入机构投资的"武器库"，以便需要投资时可以直接调用。

不同类型的门派喜欢使用不同风格的武器，不同类型的机构对基金经理和产品的偏好有所不同。资金属性决定机构投资的风格偏好。前瞻性的投资需要重视基金经理业绩的可持续性。

　　大部分机构投资者需要从更中长期的维度去进行基金投资，对于短期的市场频繁变化需要被动接受，适度应对。

　　机构投资基金通常采用自上而下和自下而上相结合的策略，在组合构建的时候会系统性地考虑宏观、中观和微观因素。

　　均衡都是防守，偏离才是进攻。时间拉长，短期的波动都是浪花。

　　机构投资者在选择基金经理时，面临过去、现在和未来的三重选择。

　　长期有效的投资策略可能短期无效。再优秀的基金经理也有可能存在短期业绩表现欠佳的情况。

心法篇

　　投资修行的路径众多，但大多是围绕阿尔法和贝塔这相伴相生的两面进行。阿尔法和贝塔到底是什么？主动投资如何进行门派分类？被动投资拥有哪七种武器？何谓量化投资的四位一体？什么是组合投资相对论？心法篇，揭秘投资的底层逻辑。

第三章

主动管理：浪花淘尽真英雄

中国股票市场跌宕起伏，投资者常常将其称为投资江湖。身怀技艺的基金经理是江湖中的"侠客"。他们管理的基金，就是侠客行走江湖的武器。基金经理修炼的武功各有不同，大致分为主动投资和被动投资两类。他们的武器，也分为主动管理基金和被动指数基金。基金经理的投资业绩影响其武器排名和自身的江湖地位。

在投资江湖中，仓位厘定、行业配置、标的选择是经常讨论的重要话题。而除此以外，对于基金经理有效性的讨论，主动基金经理是否具备获取超额收益（机构投资者一般称其为阿尔法收益）的能力，也是热门话题之一。作为投资界的"大佬"，巴菲特著名的十年赌局往往在讨论时被拿来作为佐证。那么，真相到底是什么？主动基金经理的投资世界究竟如何呢？

▶第一节　什么是主动投资

主动投资是指投资者在一定的投资限制和范围内，通过积极的证券选择和时机选择努力寻求最大的投资收益率。

相较于被动投资追求基准指数的收益率，主动投资需要基金经理充分发挥投资能力，从而获取高于市场的超额收益。用一句夸张的话来说，就是要做"征服市场的人"。

主动投资是打硬仗，在正面战场进行较量，稍有不慎便会满盘皆输。想要战胜市场，就要做好被市场随时"打脸"的准备。这需要基金经理除了本身具备过硬的投资功夫外，还需要在心理上拥有较强的抗打击能力。之所以是"打脸"而不是打败，是因为一旦心理上认为被市场打败了，基金经理的投资能力发挥就可能受到影响。主动投资既是跟市场的较量，又是跟自己的较量。不盲目的自信力在主动投资中必不可少，即使是机构投资者常常说的"弱者思维"，也仅仅是在投资战术上先胜而后求战，而不是对自己丧失信心。一旦选择了主动投资的路，就意味着随时走在可能犯错误的边缘，因为战胜市场就需要投资结构与市场有所偏离。投资本身是在不确定性中寻求突破，如果阶段性投资业绩跑输市场或者同业，来自公司内外部的压力和所谓指导往往会接踵而至，基金经理需要不断应对。

主动投资的基金经理需要不断迭代自身的投资体系。他们被提出了很多的要求，例如，相对市场而言，"赢"本身已是一种馈赠，但基金经理不仅需要"赢"，还要持续"赢"，不断"赢"。正所谓"皮之不存，毛将焉附"，基金经理为投资者管理资金，作为投资者，其实需要对尽职尽责的基金经理多一些宽容和理解。

▷第二节　主动管理与阿尔法收益

主动投资和被动投资是一个硬币的两面，相伴相生。在基金的投资江湖中，主动投资基金常常被称为主动管理型基金，被动投资基金也被称为指数型基金，介于二者之间的是量化策略基金。在书中若无严格的限定，主动投资和主动管理，被动投资和指数投资的含义通用。

在谈到主动投资的基金经理能否创造阿尔法收益时，很多被动投资的推崇者常常会以巴菲特的十年赌局这一著名案例作为论据，认为持续跑赢市场就跟汤姆·克鲁斯曾主演的电影名称一样，是"不可能的任务"。

一、什么是阿尔法收益

阿尔法（Alpha）收益是超额收益，即股票组合超越基准指数或市场的收益。对于主动投资的基金经理而言，阿尔法收益是指基金经理获得的超越基准指数或市场回报的收益。

因为超越市场本身是一件很难的事情，关于基金经理能否获得阿尔法收益，市场存在一定的争论。而阿尔法收益是主动投资的基金经理存在的重要价值和意义，否则投资者都去选择被动投资了。部分一知半解奉行有效市场假说的投资者的直观感受是阿尔法收益难以实现，主动投资的基金经理价值不大，事实果真如此吗？

二、巴菲特十年赌局：阿尔法收益真的可行吗

巴菲特曾有一个著名赌局，他认为没有哪个投资专家选出的包含 5 个对冲基金以上的组合能够在长期跑赢收费低的标普 500 指数基金。在巴菲特发布赌局之后，门徒合伙基金公司（Protégé Partners）合伙人泰德·西德斯（Ted Seides）于 2007 年应战。在 2017 年的年信中，巴菲特公布了九年来双方的成绩单，显示从立下赌局至今，巴菲特选择的指数基金平均增长年率为 7.1%，而同期门徒基金选择的 5 只一篮子对冲基金平均增长年率为 2.2%。

巴菲特赢得赌局一定程度上印证了在美股这类指数长期上涨的成熟市场中，主动投资战胜指数投资很难。但真实的投资世界完全如此吗？国内主动管理的公募基金表现是否与美股市场一样呢？投资需要有两层思维。一方面，巴菲特作为主动投资领域的"股神"，诞生在一个被动投资占主流的成熟市场，这本身也说明即使是在相对成熟的市场中，主

动投资依然具备价值。另一方面，从 2010—2021 年国内主动投资的普通股票型基金的平均表现与沪深 300 指数（见图 3-1）表现对比来看，主动投资大放异彩。除了 2012 年、2014 年、2016 年和 2017 年合计 4 个年份主动投资基金的平均收益低于沪深 300 指数，其余年份均战胜了指数投资收益。高胜率和高超额收益，一是得益于国内经济的蓬勃发展孕育了丰富的投资机会，二是源于基金经理的专业能力和投资智慧。

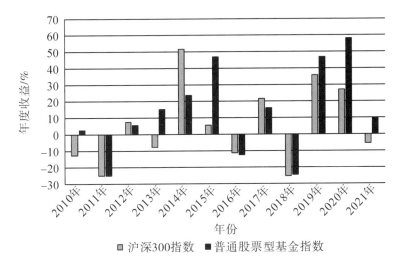

图 3-1　2010—2021 年沪深 300 指数与普通股票型基金年度收益对比图

既然主动基金经理能够获取阿尔法收益，投资者应当如何将他们中的优秀者识别出来从而加入投资组合？让我们一起进入接下来的思考。

▶第三节 基金经理的门派分类

一、普通分类：择时与选股

国内主动基金经理人才辈出，创造超额收益的武功心法各有不同。大致可以分为市场派、价值派、综合派。

市场派修习择时，认为趋势研判是决定投资回报的核心要素，也即所谓的"低买高卖"。这一门派内部有不同的分支。有的追求时空量价，通过对大盘或者个股的运行阶段、涨跌空间、成交金额/数量、价格变动等历史数据进行技术分析，然后预测趋势是延续还是反转。举例来看，如果上涨趋势延续就继续买入或者持有，直到上涨趋势衰竭或者掉头往下才卖出，以此来获取收益。这需要对技术分析具有一定的天赋。有的喜欢行业轮动，相对于大盘或者个股的趋势而言，更加注重板块性的机会挖掘和切换，投资周期会随着题材故事的演绎而变化。例如，一个主题从交易层面开始有所异动进行潜伏，当演绎到市场普遍认可的时候逐步退出。这需要对市场热点具有快速反映、学习和预判的能力。

价值派修习择股，认为公司的基本面价值研究是获得投资回报的基础，即认为"有价值的公司终将被市场认可，从而给予回报"。其投资逻辑在于公司的股价上涨主要是估值提升和业绩增长两个层面。有的偏好低估值，对拟投资公司的估值安全边际要求很高，通过控制下行风险获得股价上涨的支撑。中性情况下可以获得盈利增长的收益，好的情况是估值和盈利双升，差的情况是股价长期横盘付出机会成本。这需要基金经理具有耐心。有的挖掘成长股，希望拟投资公司的潜在业绩增速很高且可持续较长时间，对当下的估值要求相对宽松，赚未来公司业绩爆发的钱。如果逻辑证实，公司后续发展符合预期且被市场认可则有望获得高额回报；如果逻辑证伪，公司后续发展一般或毫无起色，则需要认错及时卖出。这考验的是基金经理超出常人的选股眼光。

综合派希望集各家武学之所长，同时修炼择时和择股，即将大势研判、行业/主题投资、个股选择等几方面进行融合，希望实现技术派择时、价值派选股的双赢，从而发现更具性价比的投资机会。这看起来接近完美，但事实上这一条路充满荆棘，因为不同派别容易在投资逻辑上有冲突。举例来说，如果一个公司的投资逻辑没有任何问题，股价下跌跌破均线，价值派认为应该逢低买入，因为跌出来的是未来上涨的空间，而技术派则认为股价跌破均线趋势走坏应该卖出。很多时候，按照技术派跌破均线卖出的位置常常是价值派难得的买入机会，但按照价值派的买入又需要承担股价回撤。这一类基金经理需要自下而上努力挖掘，因为市场上这类优秀的基金（经理）数量不多。

无法列入上述三种的可以归入其他门派。无论是自上而下从宏观到微观，还是自下而上精选个股，以至于大势研判和行业轮动，不一而足。随着投资江湖的逐渐演变，各家的武学也不断融合。

二、另类视角：基于投资实战的分类

投资江湖侠客众多，各持其道，各有所长。作为投资者，可以借鉴兵家排兵布阵的思想，根据投资目标和约束条件构建基金投资组合，从而发挥出最佳效能。探讨武学的最好方式是实战，我们对复杂的投资实战进行了抽象和简化，由此推导出基金经理的风格分类。不同于市场上常见的基金经理价值成长风格分类，本书从实战角度出发，将基金经理分为绝对风格（配置专家）、选股风格（个股专家）、指数风格（行业专家）三类。绝对风格的基金经理采用类绝对收益的策略，一般作为投资组合的底仓配置，用作防御；选股风格的基金经理具备精选个股或赛道的能力，进可攻退可守，隶属中军；指数风格的基金经理专注于行业或主题领域，在特定的市场风格中表现突出，用作进攻。基于中观投资角度，将采用绝对风格的基金经理归为配置专家；将采用先选赛道再选个股的投资风格的基金经理归为个股专家；将采用以指数为目标进行行业超低配的投资风格的基金经理归为行业专家。机构投资者在具体的投资环境中，将根据市场的变化对不同赛道的武器——股票持仓比例进行动态调整。相比于武器本身，更值得看重的是背后的执掌者——基金经理。本书的基金经理分类旨在为读者提供一种思考的角度，并非一定之规。后文列出的基金经理仅作为交流探讨，以便让读者对基金经理有更为立体的了解，并不作为投资推荐。投资者需要结合自身的投资目标和风险偏好审慎做出投资决策。

▶第四节　江湖论战：什么是"风格漂移"

　　投资风格稳定，是许多机构投资者选择基金经理的重要参照。对于那些投资风格漂移甚至是缥缈的基金经理，机构投资者常常是鲜少光顾。在立体投资组合构建中，机构投资者对不同风格基金经理的功能定位各有不同。如果基金经理风格漂移，会影响投资组合的精准打击能力和组合中不同品种的协同作用。随着近年来投资知识的不断普及，"风格漂移"逐渐成为投资者使用的高频词汇。然而在实际的投资过程中，风格漂移常常被误解或是滥用，以至于成为伪命题。那么，在投资实战中，对于"风格漂移"应该如何去理解呢？本书将通过一些案例进行分析。

以医药行业基金为例，某基金经理作为该行业专家，对其的定位是主要在该领域选股并能够创造优于比较基准的超额收益。如果该基金经理持仓中80%分布在医药行业的股票，小于20%分布在科技行业的股票，是否属于"风格漂移"了呢？

一些投资者在遇到这类基金经理的时候，会直接将其从投资池中剔除，理由是风格发生漂移，不够专注医药行业。但参照一般基金的契约——"基金投资于主题类证券的资产不低于非现金基金资产的80%"，意味着非主题类的证券投资比例可以不高于20%。因此，这种情况通常是合乎约定的。至于是否将其移出投资池，考虑的要点应在于基金经理做出选择的理由和对基金业绩的贡献。此处暂不进行延展，因为这涉及下一个新的话题。

现在，让我们将镜头拉得更远一些，以便视野更为广阔。此处的基金比较基准是沪深300指数，基金经理作为行业专家或个股专家，通过主动投资创造超额收益。沪深300指数有其自身的行业和个股权重分布，但某基金经理的持仓低配甚至可以说是"零配金融"，仅配置了消费和科技板块的股票。那么，该基金经理是否发生了风格漂移呢？

面对这个问题的时候，多数投资者会认为没有，甚至前文将医药基金经理剔除的部分投资者也会这么认为。因为如果基金经理完全是在沪深300指数样本股里面选股，或者是必须按照沪深300指数的行业分布进行组合配置，那和买一只沪深300被动指数增强的基金有什么区别呢？基金经理的主动投资能力如何得到充分的体现呢？

更进一步，将基金的比较基准扩展为万得全A指数，某基金经理的持仓完全没有参照指数的行业构成，而是基于投资的研判进行了基金股票配置。到了这里，更多的投资者会认为没有发生风格漂移。

其实，在实际情况相似，只是比较基准从行业指数变成了宽基指数时，一些投资者的评价就会产生变化。

那么，既然此处所谓的"风格漂移"是个伪命题，新的问题来了：如何去评价基金经理是否发生了"风格漂移"呢？这与接下来的内容密切相关。

▶第五节 怎样选择主动管理的基金经理

每一个基金经理都有自己的投资风格。投资风格的外化，形成基金产品的投资业绩和组合持仓情况。

基金经理的自我定位，是对基金经理进行门派分类（风格划分）的重要基础。在此基础上，讨论投资风格才更具实际意义。

机构投资者一般拥有自己的风格划分标准，因此基金经理的自我定位可能与机构投资者的描述产生偏差。在《笑傲江湖》中，华山派的前辈风清扬传授令狐冲"独孤九剑"的时候，告诉他不要刻板追求招式，需知晓灵活变通。后来令狐冲才修成剑法成为武林高手。在实际投资中，基金经理的风格定位会根据投资需求进行变通。否则，投资便成了刻舟求剑。

了解基金经理投资风格的定义，是选择基金经理的重要前提，离不开大量定量和定性的研究工作。

一、定量为辅，定性为主

选择主动管理的基金经理，通常是定量分析为辅，定性分析为主。定量分析和定性分析相辅相成。

定量分析主要是对基金经理的历史业绩和投资组合进行分析，从而对基金经理的投资风格有一个大致的画像并做出部分推断。通过历史业绩可以直观看到基金经理在过往市场中的表现，推断出其在不同市场环境里的适应性。通过对基金经理过往历史持仓情况进行分析，观察其仓位变动（择时或淡化择时）、行业偏好（集中/均衡、在不同行业的分布情况）、持股风格（持股市值分布、前十大持仓集中度、有效持股数量、换手率、持股时间）、风险管理（净值波动率）等要素，可以更好地了解基金经理的投资风格和收益来源。举例来看，如果一个基金经理投资组合数据显示平均股票仓位长期维持在80%以上，行业以消费类公司为主，前十大持仓占比超过60%，年度换手率低于150%，净值波动低于业绩基准，且历史业绩持续超越基准指数，那么可以推断出这是一位淡化择时，在消费领域具有投资能力圈①，持股集中度高、投资周期较长的基金经理。

定性分析主要通过调研基金公司和基金经理，了解对应基金公司的投研团队、考核机制，熟悉基金经理的投资理念和框架，更新基金经理的市场观点、组合结构和投资策略，与定量分析的结果交叉验证。在调研基金经理的过程中，可以与基金经理双向交流，主观感受基金经理的个人能力，落实定量分析中产生的疑问，这能够更好地对基金经理风格进行定义。

---

① 投资能力圈：行业内的一种说法，通常指一个人熟悉的投资领域或综合投资能力覆盖范围，也简称为能力圈。

在分析基金经理管理的基金时，不能简单以基金的名称作为基金的持仓方向或基金经理的风格画像，这可能导致似是而非的结果。一旦基于基金名称简单做出投资分析或决策，就容易导致投资的盈亏结果所见非所想。基金的股票投资范围由基金合同规定，而不是简单的名称。以前海开源沪港深创新基金（002666.OF）为例，部分投资者在没有阅读基金投资范围和观察基金历史持仓之前，看名字可能以为是投资于A股和港股市场的科技成长类公司的基金，例如腾讯、美团等公司。但从该基金2017—2021年12月底披露的持仓情况（见表3-1和图3-2）来看，该基金以投资A股为主，港股占比很低；该基金的重点行业配置情况历经"食品饮料+家用电器+非银金融→食品饮料+通信+电子→医药生物+食品饮料→非银金融+有色金属→有色金属+房地产→房地产+家用电器+传媒→传媒+食品饮料→家用电器+传媒+食品饮料→公用事业+基础化工+电子→医药生物+基础化工+有色金属"的变化，更加符合灵活调整的主动管理类基金。同时，该基金自2017年以来，先后历任5位基金经理。

表3-1 前海开源沪港深创新基金行业配置变化

时间	2017Q2	2017Q4	2018Q2	2018Q4	2019Q2	2019Q4	2020Q2	2020Q4	2021Q2	2021Q4
行业配置	食品饮料	食品饮料	医药生物	非银金融	有色金属	房地产	传媒	家用电器	公用事业	医药生物
	家用电器	通信	食品饮料	有色金属	房地产	家用电器	食品饮料	传媒	基础化工	基础化工
	非银金融	电子	商贸零售	纺织服饰	非银金融	传媒	家用电器	食品饮料	电子	有色金属
	电子	非银金融	社会服务	传媒	传媒	医药生物	商贸零售	有色金属	计算机	传媒
	医药生物	汽车	计算机	电力设备	家用电器	社会服务	有色金属	电子	有色金属	公用事业
	有色金属	传媒	国防军工	银行	食品饮料	汽车	医药生物	国防军工	电力设备	钢铁
	环保	机械设备	机械设备	电子	社会服务	食品饮料	电子	银行	国防军工	电子
	汽车	家用电器	银行		计算机	基础化工	美容护理	农林牧渔	银行	通信
	银行	建筑材料	纺织服饰		石油石化	电子	房地产	美容护理	建筑装饰	机械设备
	基础化工	国防军工	基础化工		电子	有色金属	社会服务	计算机		建筑装饰

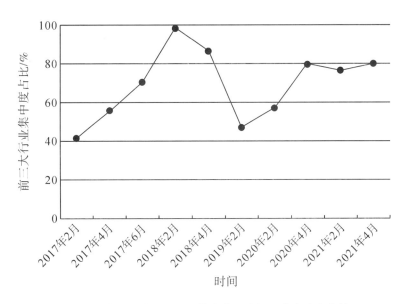

图 3-2 前海开源沪港深创新基金前三大行业集中度变化情况

黑马基金经理的挖掘主要来自调研。机构投资者调研的方式主要包括一对一和一对多。一对一是单独调研，指机构投资者和被调研的基金经理单独交流，这种方式一般由计划调研的机构投资者发起，通过基金公司对口的机构服务人员进行预约。一对多是联合调研，指多家机构投资者联合调研基金经理，通常由基金公司的机构业务人员发起，向机构客户发送邀请。随着市场上基金研究团队的发展壮大，有的证券公司或第三方基金研究公司会组织多家机构投资者联合调研基金经理，这类型的调研一般会集中调研多位基金经理。此外，基金的机构投资者和基金公司都有大量的投资研究人员，日常的投资交流中也偶尔相互推荐。

二、选择同频的基金经理

基金经理定义自己，投资者也需要定义自己。最终两者进行匹配，志同道合的彼此实现共赢。

那么，如何在投资实战中，定义自己呢？这个问题没有统一的答案。每个投资者的偏好不同，故而千人千面。

以部分机构投资者的投资体系为例，在定义的过程中，可以把基金经理分成两类：第一类是希望基金经理风格可持续、可被跟踪的；第二类是不需要基金经理有表观风格，看重其有正反馈的结果。第二类基金经理可能既择时又择股，但这都是表象，投资者关注点最终还是会落脚到基金的净值好不好、回撤怎么样。因为第二类基金经理可能不在前面这种风格明晰的范围里面，但是投资者需要去观察基金经理的投资体系是否自洽和稳定，去解剖自身的投资体系和价值观是否与基金经理相匹配。一方面通过观察基金的持仓、换手率和历史业绩大致做到心中有数，另一方面通过与基金经理的沟通交流去验证和跟踪。因此作为基金的机构投资者，既需要有自身的投资体系，又需要有海纳百川的"空杯心态"。因为一个人的能力圈是有限的，投资基金经理不是因为基金经理比你了解更多，而是基于你对基金经理的信赖，认可基金经理在专业领域的能力圈和责任感。当你选定了认可的基金经理后，请在其业绩表现靠前时不急不躁，在其业绩表现欠佳时淡然面对，这样才能使基金的收益率更好地转化为投资者的收益率。

正如一位基金经理友人的话："选择志同道合的投资者一起共赢。"这句话放在投资者身上就是："选择你愿意相信且值得相信的基金经理托付资金。"

投资笔记

主动投资需要基金经理充分发挥投资能力，获取高于市场的超额收益。用一句夸张的话来说，就是要做"征服市场的人"。

　　主动投资既是跟市场的较量，又是跟自己的较量。

　　一旦选择了主动投资的路，就意味着随时走在可能犯错误的边缘，因为战胜市场就需要投资结构与市场有所偏离。

　　每一个基金经理都有自己的投资风格。投资风格的外化，形成了基金产品的投资业绩和组合持仓情况。

　　选择主动管理的基金经理，通常是定量分析为辅，定性分析为主。定量分析和定性分析相辅相成。

　　基金经理定义自己，投资者也需要定义自己。最终两者进行匹配，志同道合的彼此实现共赢。

　　作为基金的机构投资者，既需要有自身的投资体系，又需要有海纳百川的"空杯心态"。因为一个人的能力圈是有限的，投资基金经理不是因为基金经理比你了解更多，而是基于你对基金经理的信赖，认可基金经理在专业领域的能力圈和责任感。

第四章

被动投资：任尔东西南北风

被动投资以获取相应市场的贝塔收益为主要目标，是一种弱者思维。被动投资通过复制指数，解决了择股的问题，从而无论市场如何风云变幻，它自岿然不动。有的投资者以为被动投资是"躺平"的投资方式。但被动投资真的如此容易吗？被动投资除了具有常被提及的低费率优势外，还拥有琳琅满目的武器，以应对不同的市场环境和不断变化的投资需求。关于被动投资武器的选择，究竟费率和规模谁更重要，江湖上也多有论战。那么，机构到底是怎样实践被动投资的呢？

▷ 第一节 什么是被动投资

被动投资以长期收益和有限管理为出发点来购买投资品种，一般选取特定的指数成分股作为投资的对象，不主动寻求超越市场的表现，而是试图复制指数的表现。机构投资者在进行被动投资时，常常选择指数基金。

指数基金是一把双刃剑。一方面，其具备所见即所得的特性，机构投资者在看好某一板块或领域的时候可以通过投资指数基金及时建仓，获取市场的平均收益。另一方面，其高仓位且与基准指数高相关的贝塔属性，会迅速对机构投资者的决策反馈结果，"成王败寇"高下立判。

华安创业板 50ETF（159949.OF）的规模逆袭无疑是一场经典战役的案例。华安创业板 50ETF 2016 年成立之初的规模份额仅在 5.5 亿份，当年年底机构投资者的持有比例小于 14%。随后规模一路下降到 2017 年年底的 3 亿份以下。2018 年市场的大幅下跌使得创业板的投资价值逐步显现，开始具备估值优势。2018 年 1 季度末，其份额飙升到 38 亿份以上，翻了10倍之多。而这仅是开始，随后其份额持续攀升至2018年年底的超200亿份，相较于2017年年底超过60倍。规模扩大的背后可以看到机构投资者的一路加持。机构持有比例从2017年年底的3.39%上升到2018年年底的39.21%，到2019年年中报超过50%，随后稳定在35%以上。华安创业板50指数在2019年1季度涨幅超过35%，全年涨幅超过50%。2020年涨幅超过80%，2021年涨幅超过15%。

▷第二节　被动投资与贝塔收益

贝塔（Beta）收益是基准指数的收益，也可以理解为市场的系统收益。被动投资以获取所投资的基准指数收益为主要目标。

要想实现这一投资目标，需要投资的指数基金股票仓位高，与基准指数的跟踪误差小。符合这类特征的指数基金贝塔属性更优，有利于机构投资者进行被动投资实践。机构进行被动投资时，放弃了主动追求相关领域的超额收益，而是接受指数涨跌的投资结果。

那么，是否意味着被动投资就是"躺平"呢？

站在机构投资者的视角来看，答案显而易见：不是。被动投资的打法可以分为三阶段。从低阶到高阶依次是"复制、增强、轮动"。

复制的投资策略相对容易上手，买入跟踪指数精准度越高的指数基金，获得接近基准指数收益的概率越大。持续关注同类指数基金的跟踪误差，在交易成本不大的情况下不断切换到跟踪误差小的品种，是机构投资者需要投入的主要工作。

增强的投资策略难度较大，因为收益目标是不低于基准指数，但在投资过程中，其可能高于或者低于基准指数。这需要机构投资者提高指数基金围绕指数收益上下波动的容忍度，即接受更高的跟踪误差。一种谨慎的投资路径是采用指数增强基金，在跟踪误差允许的范围内，选择相对基准指数超额收益更高的基金。考察和跟踪指数增强基金的超额收益来源、超额收益持续性成为机构投资者的重要工作内容。需要注意的一点是，增强无法"躺赢"，在阶段性指数增强基金跑输基准指数时，机构投资者需要做出选择，持有或者替换。

高阶的轮动投资策略难度最大，这已经不是单一领域的投资实践。轮动投资策略要获得接近甚至超越不同类别指数的贝塔收益，在不同类别的指数基金中进行轮动和切换，这要求机构投资者具有优秀的市场判断能力、行业配置能力、主题选择能力、基金研究能力等综合能力。除了少数的机构投资者外，对一般机构而言这需要强大的投资研究体系和团队来支撑才能实现。因为能够在行业轮动和风格轮动方面具备超高胜率，意味着低买高卖，赚到了市场上大部分钱，这显然不是一件容易的事。

▶ 第三节　主动投资与被动投资的区别

有效市场假说（efficient markets hypothesis，EMH）为被动投资提供了理论基石，这也成为许多机构投资者的认知基础。有效市场假说认为，在制度健全、透明度高、信息披露完全的、由理性投资人参与的竞争充分的股票市场下，正常的投资手段是无法获得超额收益的，所有人都只能获得市场平均收益。因此，阿尔法收益是难以企及的，唯有通过被动投资获得跟随市场的贝塔收益。然而，被动投资和主动投资的连接与转化，提供了更具投资实战价值的第二层思维。

其实被动投资跟主动投资之间并非是完全的泾渭分明。设想有一张投资分类图（见图 4-1），横轴是跟踪误差，纵轴是期望（超额）收益。越靠近横轴，投资者对期望收益的要求越低，但对跟踪误差的控制要求越高，即投资者希望取得市场的平均收益，那么这就是指数投资。如果要取得比指数更多一点的收益，放大跟踪误差，加一点自己的策略，就是指数增强投资。如果再加上一些量化的技术条件，追求更多元化的投资内涵，就是量化投资。当完全不考虑跟踪误差，只追求期望收益越高越好，就回归传统的积极主动投资。整体来看，所谓的被动投资和主动投资最终殊途同归，只是约束条件不同。

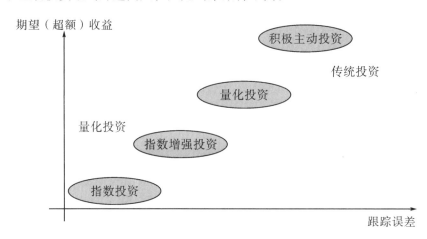

图 4-1　被动投资与主动投资的连接与转换

▶第四节　被动投资的七种武器

古龙的武侠世界里有七种绝妙的武器。作为被动投资工具的重要派别，指数基金的江湖里也有七种武器，每种武器各有所长，在投资实战中需要结合具体环境，因时制宜。

七种武器中排名第一的当属 ETF。作为占据当今国内指数基金公募产品半壁江山的 ETF，第一只产品上证 50ETF 于 2004 年年底成立，2005 年 2 月上市。随后陆续推出了深证 100ETF、上证 180ETF、中小板 ETF、红利 ETF 等产品。期初以宽基指数 ETF 为主，直至 2010 年 11 月，周期 ETF 上市，意味着第一只行业主题属性的 ETF 诞生。当今许多投资者耳熟能详的沪深 300ETF，上市于 2012 年 5 月，距离第一只 ETF 上市已过去七个年头。随着后续宽基类、行业类、主题类、策略类指数基金的不断推出，相应的 ETF 产品逐步诞生，各类工具层出不穷。最终形成宽基类、行业类、主题类、策略类指数 ETF 三足鼎立的局面。ETF 与跟踪指数拟合度高，可以直接在二级市场买卖，交易效率优，支持申购赎回，头部品种成交活跃。

第二种武器是 ETF 联接基金。ETF 联接基金的投资对象就是其跟踪的 ETF。便捷的 ETF 的申购赎回方式需要证券账户作为依托，且以"一揽子股票 vs 基金份额"的实物申赎形式为主，投资门槛相对较高。作为 ETF 的孪生兄弟，ETF 联接基金是便利了场外投资者通过现金申购赎回的形式参与 ETF 投资，对于成交不活跃的 ETF 规避了投资冲击成本，降低了 ETF 的投资门槛，弥补了 ETF 在现金申购赎回交易方面的不足。正所谓有得必有失。相对 ETF 投资而言，联接基金损失了一定的交易效率。

第三种武器是 LOF 指数基金。ETF 好比是"孔雀翎"，由投资者的研究信心驱动参与市场交易获得回报。联接基金是"离别钩"，联接了 ETF，投资者放弃短期的日内报价交易，回归 ETF 带来的市场平均收益。LOF 指数基金可以算得上是"碧玉刀"，交易方式多样灵活，闲适自如。同为上市交易的指数基金，LOF 指数基金既能够在证券市场直接买卖（相当于基金存量份额之间的交易，不新增基金份额），也可以使用现金申购赎回，且支持在场外现金交易。因为 LOF 指数基金需要预留一定现金，一般情况其股票仓位不如 ETF 高。此外当前其成交活跃度小于 ETF。第一只上市交易的 LOF 指数基金是南方中证 500ETF 联接，在场内交易的名称为"500ETF 联接 LOF"，于 2009 年上市，跟踪中证 500 指数，基金本身亦是联接基金。多样化的便利性使 LOF 指数基金稳列指数基金武器榜第三。

第四种武器是分级基金。分级基金是指数基金中的"多情环"，如暴风骤雨般，来得快也去得快。分级基金的母基金与普通指数基金除费率差别和跟踪误差外并无二致。但分级基金的子份额分级 A 和分级 B，按照规则、风险和收益，其特征各异。一般分级 A 以获取固定收益为主，分级 B 带杠杆弹性较大，且母子基金之间可以根据市场情况进行套利，具体参照基金合同的约定。投资者需要根据自身的风险承受能力选择不同的投资品种。2014—2015 年是分级基金的大时代。军工、国企改革、证券、"一带一路"、互联网金融等题材品种的诞生，不断丰富了指数基金工具的类别。随着分级基金规模的爆发、种类的增加，以及投资者的教育，监管的关注，基金的转型等诸多因素交织，分级基金的复杂性和高杠杆等问题凸显，引起了市场广泛的关注。此后，分级基金大多转为 LOF 基金或被清盘，逐渐退出历史舞台。

第五种武器是指数增强基金。 指数增强基金以超越标的指数业绩表现为目标，属于指数基金中的"霸王枪"，勇猛刚烈，目标明确。在力求对基准指数进行有效跟踪的基础上，螺丝壳里做道场——积极进行指数组合管理，利用股票打新、股指期货或融券、因子选股等多种方式，为基金贡献超额收益。指数增强基金目前以上证 50、沪深 300、中证 500、中证 1000、创业板、红利、MSCI 等宽基指数类或策略指数类品种为主；行业和主题指数类品种相对较少，涉及医药、娱乐、养老、消费、农业、科技、高端制造等方向。现阶段多数指数增强基金仅支持场外申购赎回，少部分基金同时支持场内交易。就考核相对收益的部分机构投资者而言，指数增强基金是一把利器。在组合中持有部分指数增强基金可以起到压舱石作用，再配置其他品种，叠加机构投资者自身的积极主动管理能力，力争创造超额收益。

第六种武器是普通被动指数基金。 普通被动指数基金追求与被跟踪的目标指数的最大拟合程度，力求基金的股票组合收益率拟合指数的增长率，支持场外申购赎回，简单直接，好比是"长生剑"。在普通被动指数基金原理的基础上，演化出更多的被动投资品种。同时，普通被动指数基金对于基金管理人和投资者的门槛都相对友好。有趣的是，Wind[1] 披露的数据显示，万家 180 指数（519180.OF）成立于 2003 年，是现存成立时间最早的被动指数型基金。而华安上证 180 指数增强基金作为上证 180 的指数增强标的，成立于 2002 年，时间早于普通被动指数基金，现在已经转型为华安 MSCI 中国 A 股指数增强基金。2006 年，华安上证 180ETF（510108.OF）成立。普通被动指数基金早期只有一种份额，投资者需要持有较长时间才可以免赎回费。2014 年银河定投宝（519677.OF）的问世，开启了指数基金收费的新模式，增加了按时间计提的销售服务费，持有 7 天以后免赎回费，为投资者定投或者把握交

---

① Wind：金融数据和分析工具服务商，国内机构投资者经常使用其提供的数据。

易性机会创造了条件。

第七种武器是"箱子"。 箱子具备有容乃大的属性。此处以"箱子"比作指数基金的武器，主要有两层含义。前文描述的六种武器并不具有完全单一的工具属性或是绝对的相互割裂，多种武器属性的融合衍生出新的投资品种或交易方式，极大地改良了投资者的用户体验。这里举一个复合程度相对较高的例子，南方中证 500ETF 联接 A（160119.OF）本身是中证 500ETF 的联接基金，为中证 500ETF 的场外申购赎回提供投资工具，同时又属于 LOF 基金支持场内交易。另外，部分指数基金作为 QDII 品种，可供香港或海外市场投资，除了可以场外申购赎回外，场内交易还支持日内回转。此外，随着资本市场的不断发展和投资需求的日新月异，未来可能有新的指数投资工具或品种诞生，现有的指数基金武器也可能发生变化或改良。作为基金管理人或基金投资者，需怀有向学之心，与时俱进，努力把握基金投资江湖的变与不变。

▷第五节 江湖论战：费率和规模之争

互联网时代，投资信息的传播速度和广度得到极大的改善。部分标签化的投资理念随着时间推移在投资者心理上得到强化，并在部分机构投资者身上得以实现。

"低费率是指数基金的优势，指数基金收费比主动基金低，投资指数基金选最便宜的。""投资指数基金规模越大越好，规模小的流动性不好。"这样的论调由来已久。部分机构投资者在实际投资指数基金过程中，对费率和规模十分苛求。事实上，投资不是刻舟求剑，也不能本末倒置。费率固然是部分指数基金的重大优势，但并非是指数基金的唯一乃至最大的优势。至于规模，并非是投资指数基金才必须要考虑的因素，流动性是投资任何品种都需要思考的问题。指数基金的优势在于生生不息，根据指数的编制规则，旧的成分股被剔除，新的成分股进入，从而使得指数基金可以经受住时间长河的洗礼，这也是被动投资的魅力之一。

投资者有各自的约束条件或考核目标。投资工具的使用服从于投资目标或投资原则。部分机构投资者考核相对收益，要求保持权益资产的既定仓位，目标是战胜沪深 300 指数。在这样的投资约束下，单纯地寻求低费率显得不合时宜。如果能够配置优质的沪深 300 指数增强基金，超额收益完全足以覆盖增强基金相对非增强基金的费率，那么最大化超额收益或许是选择投资品种的更合适参照。

当指数基金的规模达到一定量级后，规模对于流动性的边际影响开始减弱。甚至当规模超越某个量级后，一旦遭遇巨额赎回可能导致踩踏发生，投资者需要为此付出高昂的冲击成本。投资指数基金，在满足适当流动性的前提下，规模需要服从于效益。同等条件下，10 亿元和 100 亿元的指数基金，规模相对小的基金通过基金管理人积极的、精细化的管理运作，有机会创造出更高的超额收益。单一持有人占比过大的指数基金，即便规模足够大，也需要考虑流动性风险。

总之，投资的目标和约束条件，是投资者值得关注的重要因素。不以费率论英雄，不以规模较高低。

投资笔记

被动投资以获取所投资的基准指数收益为主要目标。指数基金是一把双刃剑。

被动投资不是"躺平"，打法可以分为三阶段，从低阶到高阶依次是"复制、增强、轮动"。

被动投资的每种武器各有所长，在投资实战中需要结合具体环境，因时制宜。

当指数基金的规模达到一定量级后，规模对于流动性的边际影响开始减弱。

投资工具的使用服从于投资目标或投资原则。不以费率论英雄，不以规模较高低。

第五章

组合投资：一花独放不是春

机构投资者的收益大部分来源于组合投资。证券市场存在诸多不确定性，而集中单一投资标的意味着对机构的研究置信度提出更大的挑战。组合投资作为复杂的系统工程，面临诸多的约束条件，在实战中经常存在内部结构件的对立和统一。投资收益的实现需要时间的沉淀。组合投资是机构投资者行走江湖需要修炼的必备武功。单一投资标的可能爆发力强，但组合投资持久力更长。

▷ 第一节　什么是组合投资

组合投资，顾名思义就是用一揽子投资标的构造投资组合，不同投资标的在组合中承担不同角色，相互协同，形成具备一定风险收益比的投资结构。

正如"不要把鸡蛋放在同一个篮子里"，对于机构投资者而言，组合投资的重要作用是分散风险而不是提高收益。一般的基金会持有多只股票，持有单只股票的基金是风格极致的投资组合。基金投资组合则持有多只基金。本节围绕基金投资组合进行讨论。

要想实现组合投资分散风险或平滑波动的目的，需要组合中不同基金的相关性低。如何理解和实施低相关性是见仁见智的问题，但有两个误区需要避免：一是持仓结构相似的不同基金无法分散风险。虽然是不同的基金，但是底层资产一样，这就好比虽然把鸡蛋放在不同的篮子里，但这些篮子在同一辆车上；二是不要刻意为了分散风险而使得持仓标的数量过多。在避开上述误区，确认不同基金底层持仓存在明显差异后进行组合投资，是可以分散风险的。但是基金数量达到一定量后，分散风险的边际作用递减。至于多少数量合适，一般是以投资经理能够覆盖或跟踪的数量为宜。就像有的基金经理持仓 300 只股票，有的基金经理持仓 20 只股票一样。如果投资经理从精力或渠道上难以覆盖或无法跟踪，则分散风险的效果可能大打折扣。

▷第二节　机构如何进行组合投资

　　机构投资者作为基金投资市场的中坚力量，并非如一些传言中说的那般神乎其技。机构投资者在进行投资组合管理时，面临诸多的约束条件。

　　首先，资金属性决定机构投资的风格偏好。市场论及价值投资和长期投资的观点甚多，但往往忽视了资金属性的约束前提。只有对机构资金属性深刻理解后，才能将投资组合与之匹配。资金属性的细分要素很多，关键要素可以拆分为两个。一是资金的期限。长期资金和短期资金的投资方式存在明显的差异。长期资金的投资周期相对宽裕，可以配置赔率较高的品种，以时间换空间。短期资金存在及时的兑付需求，一般情况下配置稳健品种，追求高胜率。二是资金的收益目标。绝对收益和相对收益的考核方式上的差异，决定了组合风格的底层基调。绝对收益考核追求风险可控下的净值增长，需要避免资金在风险性部位上的过度长期暴露。相对收益考核追求战胜业绩基准，积极的主动管理创造超额收益是需要考虑的重要目标。基于投资期限和收益目标两个因素，可以构建出二维的四个象限。根据机构投资者风格偏好在风格象限的落点，制定不同的组合投资策略。在前述两个要素之外，再加上对回撤控制、风险容忍度、投资范围等诸多不同要素的考虑，就产生出多维的立体空间。机构投资者真实的投资，就在如此更加接近现实的多维立体空间中发挥。

其次，市场环境影响投资组合结构。宏观约束条件包括宏观经济周期、财政货币政策和国际环境等。中观约束条件涵盖行业发展趋势和公司主体的中长期发展目标。综合考虑公允价值/估值、基本面、市场条件等进行研判，输出不同的投资组合结构。当前面对的不确定性与复杂性上升，资产轮动的节奏及方向与传统的美林"投资时钟"有所背离。机构投资者需要力争通过专业的投研分析，如结合"自上而下"和"自下而上"的逻辑数据，把握投资者行为与资金流向，不断优化组合结构以获取超额收益。此外，"一致预期"与"主流偏见"是值得机构投资者持续思考的话题，努力挖掘差异化可以带来投资价值。

最后，微观约束条件会影响投资执行结果。机构投资者的投资运作并非线性和单一的。作为机构投资中重要的微观约束条件，不同机构平台在资金体量、人员构成、系统配备等方面的资源配置各有差异。组合目标、投资品种、市场运行、投资团队等相互融合成就了最终的投资结果。"小资金"、少人员、弱系统的平台，与"大资金"、多人员、强系统的平台，即便取得相同的投资结果，其过程和努力程度也存在显著的区别。一般而言，投资流程的整体框架覆盖多个层次。战略层面基于风险承受能力、竞争目标、长期预期收益等要素输出投资指引和组合的比较基准与目标。战术层面基于预期收益、历史相关性、投资需求等构建目标投资组合。投资团队通过积极主动的投资管理，配置底层的基金产品或基金经理，创造阿尔法收益。经过环环相扣的精密运行，最终呈现出不同的投资组合净值曲线。

▶第三节　组合投资的"相对论"

　　机构投资者的收益来源于不同投资品种的组合，由此衍生出的投资组合成为一个复杂的话题。尽管投资组合可能千人千面，但其中的多层次相对结构是值得关注的重点。本节从机构投资实战的角度出发，结合调研和思考所得，剖析投资组合的相对论。

　　一是相对收益和绝对收益的统一。不同的目标考核下投资组合策略差异明显，从而衍生出相对收益和绝对收益两大重要的投资阵营。相对收益的本质是战胜别人，获得相对靠前的排名，减少仓位选择，规避踏空焦虑。绝对收益的本质是战胜自己，获得更多的绝对回报，注重回撤控制，积小胜为大胜。初看起来两者似乎完全矛盾，但其实二者存在内在机理的协调统一。一方面，脱离绝对收益目标单纯地讨论相对收益没有现实意义；另一方面，只要带排名竞争，本质上也不是纯粹的绝对收益。令机构投资者深恶痛绝的，是投资考核标准的混用和滥用。"牛市考核相对收益，熊市考核绝对收益"，破坏了机构投资组合体系的平衡和自洽。理性的投资考核目标追求中长期的价值创造和收益增长。加入时间维度后，绝对收益和相对收益重新获得平衡。如果机构投资者在投资的过程中，淡化相对排名，始终以为投资者创造收益为目标，追求中长期绝对收益，那么随着时间拉长，在绝对收益比较好的情况下，相对收益不会太差。换个角度，如果投资组合每年的相对收益都能排名靠前，长此以往，复利的威力下绝对收益一定可观。对于投资者而言，资产在中长期的绝对增值更具实际意义。

二是阿尔法收益和贝塔收益属性上的融合。市场上常有观点将阿尔法和贝塔从属性上对立并区分优劣。"要阿尔法收益不要贝塔收益"成为部分机构投资者的口号和原则。事实上，作为一枚硬币的两面，脱离贝塔谈阿尔法难免显得过于简单和粗暴。投资具有相对性，需要避免完全片面和绝对。为了更好地体现阿尔法和贝塔的一体两面，我们以阿尔法和贝塔分别为平面坐标系的横轴和纵轴，构建了投资品种属性的 α-β 四象限，尝试将不同属性的投资品种放在统一的体系下进行讨论。"强阿尔法+弱贝塔"的投资品种落在右下角的第四象限。绝对收益类的基金，如量化对冲、股债混合、精选个股等策略主要落在此区域。"强贝塔+弱阿尔法"的投资品种落在左上角的第二象限。相对收益类的基金，如被动指数、指数增强等策略大多可以归入相应范围。"强贝塔+强阿尔法"的投资品种落在第一象限。这个领域中行业和主题类的主动管理型基金居多。"弱阿尔法+弱贝塔"的投资品种落在第三象限。此类品种的净值多数以随机游走为主，相对难以把握。如果没有"金刚钻"，该区域是投资当中需要尽量规避的。阿尔法属性和贝塔属性并无绝对的优劣之分，不同机构投资者可根据约束条件自由组合，匹配属性。

三是主动投资和被动投资的二元结构。第一元是机构投资者作为管理人层面的主动投资和被动投资，可以归为两类。一类是机构投资者进行主动投资，基金仅作为被动可选标的。投资的底层逻辑基于对市场整体的研判、行业和板块的把握，而非一般意义的基金经理选择驱动。当然，最终进入投资组合的基金产品或基金经理，需要匹配前述行业和板块的领域。另一类是机构投资者主动挑选优质的基金产品或者基金经理，少做市场研判甚至被动接受市场。择时和择股的工作都交给基金经理完成。第二元是投资品种层面的主动投资和被动投资。在对不同投资品种进行组合的过程中，被动投资品种和主动投资品种的选择和配比是机构投资者需要应对的另一个问题。有的机构投资者配置被动指数基金或指数增强基金作为底仓，依靠在主动基金上的积极管理获取超额收益。有的机构投资者主要配置优质的主动管理基金作为底仓，依靠在被动基金上的投资交易增厚投资回报。

　　四是投资组合进攻性和防守性的转换。对于部分激进的机构投资者，进攻是最好的防守。对于部分稳健的机构投资者，布好防守才敢再谈进攻。但这些都只是对投资组合浅层次的理解。其实，投资组合的进攻性和防守性深层次的内涵重新定义了攻守转换。先来谈防守。当面临系统性或非系统性风险时，投资组合的下行空间提供了防守的底线；当风险解除时，投资组合净值的恢复速度和力度体现了防守的空间。再来谈进攻。在市场下跌的过程中，投资组合跌幅小于市场的幅度反映了进攻性的韧度；在市场上涨的过程中，投资组合涨幅超越市场的幅度体现了进攻性的强度。更近一步地，超额收益来自哪里？来自市场下跌过程中投资组合比市场跌得少积累了有生力量，在市场上涨时能跟上市场涨幅；或者来自在市场上涨过程中比市场涨得多获取了安全垫，在市场下跌时与市场同步。最完美的状态是涨得比市场好，跌得比市场少。进攻韧度看似谈的是进攻，其实是防守。组合恢复的速度和力度看似属于防守，实则是进攻。正是因为攻守转换的存在，投资组合穿越周期才有更多实现的可能。

▷第四节　谁对组合收益贡献最大

　　在投资组合构建的过程中，有一个无法回避的问题。谁对组合收益的贡献更大？跳出单纯地谈基金，我们基于四层结构对此进行思考（见图 5-1）。

图 5-1　组合收益贡献的四层结构示意图

第一层是个股。依靠投资成长股获取超额收益。至于怎样选择成长股，投资大师菲利普·A. 费舍用了一整本书对此进行讨论。但上市公司"千里挑一"，个股的投资存在诸多的不确定性。这一层的资金容量是一颗星。

第二层是行业。行业比个股的资金容量更大，可以达到两颗星。同时行业的数量相比个股更少，百里挑一，但却十分依赖对行业景气度和拐点的把握。

第三层是板块。板块的资金容量得到更大的提升，达到三颗星。选择的范围也更为聚焦，可以说是"十里挑一"。然而成也萧何败也萧何，板块投资的贝塔属性非常明显。比如 2017 年的市场环境下，大蓝筹和中小创①完全是"冰火两重天"。投资者如果押错了板块就有可能全年无收。

第四层是人，也就是基金经理。当前的市场环境下基金经理人才辈

---

① 出于讨论的需要，本书将中小创作为对中小盘股票和创业板股票的简称。后文也有提及。

出，"千里挑一"。如果借助基金经理来管理资金和投资组合，基于基金经理的深度跟踪和广度覆盖，可以说是"站在巨人的肩膀上"，资金容量达到五颗星。从公司到基金经理，历经"千里挑一"的轮回。在投资的攻守转换中资金容量得到质的提升和飞跃。每一位给投资者创造收益的基金经理都值得感谢，因为在投资江湖中，很少有比为投资者财富保值增值更具社会价值的事。

▶第五节　组合投资如何分配和运营资金

正是因为基金经理对投资组合的收益贡献大，对基金经理的选择和"投注"才成为机构投资者持续讨论的重要话题。

第三章讨论了如何选择基金经理，本节就基金经理"投注"方面进行探讨。

投资组合仓位的分配需要考虑集中度。通常情况下很多机构投资者采取"均衡持仓，稳健致胜"的方式。出于风险分散的角度，不过于集中投注某个板块或领域，牺牲部分投资组合的集中度和弹性成为一个折中的选择。一般来说，初始投资组合基于两种方式进行构建：一种是基于行业配置，另一种是基于风格选择。行业配置要考虑基金产品的底层投资结构，机构投资者通常的做法是在消费、医药、科技（TMT+新能源）、周期等板块进行相对均衡配置，以 1∶1∶1∶1 作为"锚"，根据投资性价比和市场表现不断调整比例。风格选择主要考虑基金产品的不同角色，配置专家作为底仓承担绝对收益角色，一般可以占到 40%~60%；个股专家作为中军承担攻守转换的角色，一般可以占到 20%~40%；

行业专家作为辅助承担收益增强的角色，一般可以占到10%～30%。

针对基金经理这一特殊的主体，一般意义的分散和均衡使得基金经理在投资组合中的边际贡献递减。基金经理具备积极主动的投资管理能力。在满足投资目标和约束条件的前提下，高确定性高仓位，低确定性低仓位，在看好的基金经理身上可以充分"投注"。"投注"之前的调研了解和前瞻判断就是为了"投注"的多寡，剩下则是对基金经理的持续跟踪和继续挖掘，从而不断优化投资组合以获得更好的持有体验。正所谓"千金在手，好基难寻"，久逢知"基"千金少。在对基金产品进行"投注"的过程中，对于投注次数，机构投资者通常是采用三分法或者四分法，有的采取五分法或十分法。积极的机构投资者可能采取两分法，将资金分作两份，看好的产品先用拟投资资金的50%买入，保留50%作为流动性资金，然后进行等待和观察。如果后续因为市场阶段表现不好，基金产品净值下跌而投资基金产品的逻辑不变，则可在跌到一定程度时进行加仓，从而完成买入动作。如果买入后持续上涨，投资逻辑得到验证和加强，则可在上涨途中寻找加仓机会。三分法将资金分作三份，建仓时买入三分之一，后续根据市场情况进行进一步买入。其余分法以此类推。

在投资实战中，可能面临两个问题，一是因为分仓买入从而导致看好的基金没有买够，二是买入后最后验证看错了。如果没有买够，审慎的机构投资者会本着"宁愿错过，绝不做错"的原则放弃加仓，将精力投入到寻找下一个看好的基金中。积极的机构投资者则会继续寻找买入机会，克服"恐高心态"。如果是买入后验证看错了，则需要度过"等待期"，避免倒在黎明之前；一般来说如果经过三年的时间基金业绩依然毫无起色就需要考虑止损出局。此外，分仓策略涉及主力基金的资金仓位和流动性分配时，不同机构投资者的选择会根据自身的投资约束条件有所差异。通常而言，主力基金买入动作完成后，可以考虑预先留存 30%～40% 的流动性资金，根据市场情况再进行调整。

基金经理的业绩曲线存在"等待期"。常有基金经理获得机构投资者青睐后，在持续一段时间内基金净值表现平平，让部分焦急的机构投资者左右为难。尤其在市场上涨的过程中，这种踏空的焦虑会使投资者用脚投票淡然离开。如果当初投资基金经理的逻辑没有产生本质变化，阶段性的市场扰动往往属于需要直面的"噪音"。做时间的朋友，听起来容易，执行起来难。优质基金经理的业绩曲线终将进入"甜蜜期"。既然选择了，就不要轻言"分手"。

投资，慢就是快。

▶第六节　让收益归市场，让风险归时间

提高收益降低风险是许多机构投资者追求的目标。然而，在真实的投资世界中，收益和风险作为投资天平的两端，单纯的厚此薄彼并不能使其保持平衡。既然内部无法突破，那就需要从外部寻找契机，引入工具或变量。

杠杆工具是一把双刃剑，用好了皆大欢喜，用不好满盘皆输。杠杆的作用在于改变了投资天平支点的位置，从而使得两端的风险和收益再度平衡。但这样的状态是脆弱的。在风险面前，杠杆往往会临阵倒戈。一旦发生系统性风险，流动性的危机使得投资组合加速下跌，从而导致价值毁灭以至于平衡被打破。同时，杠杆的使用需要支付相应的刚性成本，并不是时间的朋友。即便投资组合净值保持不动，整体收益还是会不断减少。因此，杠杆的使用是一件非常精细的工作，需要万分慎重。

　　另一个变量是时间。时间并不改变投资天平支点的位置。时间通过潜移默化的影响使得天平两端发生内部的质变，以复利的力量催生价值。只要投资品种本身的质素过硬，即便遭遇系统性风险，时间的力量依然可以使其穿越周期，熨平波动，消化风险。深度研究是机构投资者的优势，长期投资是机构投资者需要努力的目标。深度研究挖掘出的优质标的，叠加长期投资的加持，复利的威力将会显现。长期投资和高风险并不是完全对应的关系。尽管不能精准预知投资组合未来的收益情况，但时间是好资产的朋友，市场终将给勇敢者和智慧者以回报。

　　让收益归市场，让风险归时间。

投资笔记

　　组合投资的重要作用是分散风险而不是提高收益。

　　机构投资者在进行投资组合管理时，面临诸多的约束条件。

　　"牛市考核相对收益，熊市考核绝对收益"，破坏了机构投资组合体系的平衡和自洽。

　　加入时间维度后，绝对收益和相对收益重新获得平衡。

　　阿尔法属性和贝塔属性并无绝对的优劣之分。

　　进攻韧度看似谈的是进攻，其实是防守。组合恢复的速度和力度看似属于防守，实则是进攻。正是因为攻守转换的存在，投资组合穿越周期才有更多实现的可能。

　　投资组合仓位的分配需要考虑集中度。

　　基金经理的业绩曲线存在"等待期"。投资，慢就是快。

　　杠杆的作用在于改变了投资天平支点的位置，从而使得两端的风险和收益再度平衡。但这样的状态是脆弱的。

　　时间是好资产的朋友，市场终将给勇敢者和智慧者以回报。

第六章

量化"黑箱":犹抱琵琶半遮面

量化投资是主动投资和被动投资的结合，拥有独特的投资话语体系。股票组合的收益由贝塔和阿尔法两兄弟构成。捕获收益的侧重点不同，量化策略也就有差异。江湖有传言量化投资是"小家碧玉"，也有人说量化投资是"大家闺秀"。琵琶声后的真面目究竟是怎么样的呢？

▷第一节　打开量化投资的"黑箱"

谈及量化投资策略，很多投资者的第一反应是"黑箱"。基金经理在路演交流量化策略的时候往往点到即止，非专业背景的普通投资者对量化策略云里雾里，这加剧了信息的不对称。即便是一些主动投资的基金经理，偶尔在和量化基金经理或金融工程分析师之间交流时也存在一定的困难。究其原因，并非是量化策略本身有多神秘，而是不在一个相同的话语体系，以致于普通投资者或非量化投资人士对量化投资形成一些误解。

策略的黑箱里究竟是什么呢？量化投资可以理解为，利用计算机科技并采用一定的数学模型去实现投资理念、投资决策的过程。策略的黑箱中，存放着投资理念和实现过程的差异，形成了不同的量化策略。在投资的江湖中，门派众多。如果将传统的主动投资比作少林的"罗汉拳"，那么量化投资便是武当的"太极拳"。量化投资源于主动投资的思想，用模型对投资策略进行刻画，然后用计算机辅助实现。策略不同，风险收益特征各异。随着市场的不断演进，部分不适应变化的策略会逐渐淡出，历经磨砺的策略则会沉淀下来。

▷第二节　从量化对冲谈起

A 股市场的波动较大，不少投资者追高买入容易坐"过山车"。量化对冲策略基金作为一款"减震"的利器，在震荡市场中表现突出。选对了产品，即便在 2015 年大盘 5 000 点的时候买入，一路持有至 2021 年年底，此时的大盘收盘仅 3 600 多点，依然可以获得绝对收益。

那么，什么是量化对冲策略？

量化对冲是"量化"和"对冲"两个概念的结合。"量化"指借助统计方法、数学模型来指导投资，其本质是定性投资的数量化实践。"对冲"指通过管理并降低组合系统风险以应对金融市场变化，获取相对稳定的收益。在投资组合操作层面，通常表现为先用量化投资的方式构建股票多头组合，然后用空头股指期货对冲市场风险，最终获取稳定的超额收益。

要弄清量化对冲，首先要了解量化策略。根据与基准指数的联系和对冲比率，量化策略主要包括指数增强、中性对冲、灵活对冲、全市场优选等几大类。

为了更好地厘清，这里先回顾一下前文提及的阿尔法（α）和贝塔（β）两个概念。如图 6-1 所示，股票组合的收益由两部分构成，一部分是贝塔，另一部分是阿尔法。贝塔是基准指数的收益，也可以理解为市场的系统收益。阿尔法是超额收益，即股票组合偏离基准指数或市场的收益。虽然业内习惯将阿尔法称为超额收益，但读者不可将其理解为超额正收益，实际上阿尔法可正可负，超额收益也有可能是负的。

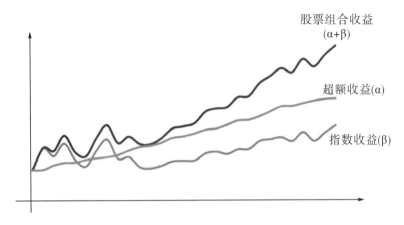

图 6-1 股票组合收益：指数收益+超额收益

指数增强策略基于量化选股模型构建投资组合。该组合风险特征（行业分布、大小盘）和指数一致，在控制跟踪误差基础上获取超额收益（α）。指数增强是一个纯多头组合，收益率等于基准指数收益（β）加上超额收益（α）。

中性对冲策略用股指期货对市场波动进行完全对冲，股指期货的空头仓位和股票组合的多头仓位基本一致，贝塔收益几乎剥离，仅保留阿尔法收益。中性对冲策略的盈利等于超额收益减去对冲成本。中性对冲和指数增强是一对孪生兄弟（见图6-2），去掉中性对冲的空头，就转换为指数增强。

图 6-2 基于阿尔法的指数增强和中性对冲

灵活对冲策略介于中性对冲和指数增强之间，通过模型调整对冲比率。

全市场优选策略的股票多头部分不再与特定指数联系，追求组合的收益风险比最大化。收益风险比作为衡量投资组合性价比的一种指标，这里采用卡玛比率（Calmar），年化收益率除以最大回撤，收益越高回撤越小，则数值越大。因为不考虑对冲，仅持有股票组合，指数增强和全市场优选策略又属于量化多头策略。

▷第三节　量化基金的发展情况

作为美国麻省理工学院的传奇数学家，爱德华·索普（Ednard O. Thap）深入发展了现代的概率论，并应用于金融市场中，是量化投资的先驱。以爱德华·索普 1962 年出版的《打败庄家》（*Beat the dealer*）为标志，量化投资自此开始不断由新技术驱动去进化投资模式。从前期的金融研究、统计分析、计算机、普通网络到 21 世纪的低延迟网络、大数据、并行计算、人工智能技术等，都促进了量化投资的发展。量化投资逐渐成为人才、技术、资金的综合竞争。

根据美国证券交易委员会（SEC）公布的数据，截至 2021 年第一季度末，美国对冲基金规模超过 4 万亿美元，占美国全部私募基金大约 45%。美国发行对冲基金数量超过 900 只，对冲基金管理机构约 1 700 家。股票类市场中性策略整体规模约为 5 000 亿~10 000 亿美元（不包括桥水等特殊类别）。头部公司（RENAISSANCE，CITADEL，DESHAW，TWO SIGMA，等等）已经分别形成很高的进入壁垒，中小规模公司加速淘汰。

作为舶来品，中国量化对冲基金的发展主要以股指期货的浮沉、市场对量化的认知变迁为主线。由于投资策略的特殊性，私募基金的发展快于公募基金。

2010—2015年基本是野蛮生长阶段，策略上以简单期现套利、传统基本面多因子为主。采用沪深300指数期货（IF）作为对冲工具。2015年顶峰出现数家百亿规模的量化基金，但股指限制之后其规模迅速缩水。当时的管理人能力良莠不齐，但竞争相对较小，主要由资金募集能力驱动规模，基金投资普遍承担较多的风格风险，抗风险能力差。

2016—2019年属于专业化发展阶段。策略更为丰富，包含日频量价策略、日内量化策略、择时对冲策略、多策略等。对冲工具拓展至沪深300指数期货（IF）、中证500指数期货（IC）、上证50指数期货（IH）。2015年股灾后股指限制交易，流动性相对缺失，期现出现负基差（即股指期货价格低于指数价格），对冲成本较高。市场认知惯性只知道市场中性策略，量化基金管理规模受限严重。这段时期盈利难度大，业绩驱动规模挑战大，专业化程度快速迭代并向海外一线量化基金技术水平靠拢，策略、投资风格越发多样化。

2020年以来，量化规模开始进入爆发增长阶段。对冲工具除股指期货外，还增加了转融券等对冲工具，但数量有限，对冲成本依旧较高。销售机构对量化多头认知提升，结合牛市预期，头部基金中的指数增强类基金或者股票多空类基金募集销量快速提升，使股指期货流动性和对冲成本对规模的限制作用部分解除。量化私募基金管理规模大幅提升，百亿以上量化私募基金数量近20家。据不完全统计，当前全市场量化基金管理规模近万亿，约占全市场日均成交的15%～20%。从专业化水平来看，盈利难度依旧不低，头部量化私募大规模团队运作，逐步具备与海外一线量化基金在A股市场竞争的能力。

▷第四节 国内公募量化对冲基金

　　国内公募基金的量化对冲产品主要采用市场中性的"量化增强选股+股指期货对冲"策略。一方面运用量化选股策略构建股票组合，力求超越基准指数，一般以沪深 300 或中证 500 为主，形成沪深 300 或中证 500 指数增强的效果。另一方面，在建立股票组合的同时卖空相应数量的沪深 300 股指期货或中证 500 股指期货对冲股票组合的系统性风险，从而获得股票组合产生的超额收益。如果卖空的股指期货数量与股票组合产生差异，就形成了风险敞口。公募基金的对冲主要起到的作用是套期保值，简称"套保"。如果是专门的股票多空类基金，套保需要达到较高的要求，风险敞口限制严格。如果是普通的非对冲类公募基金，采用股指期货对冲股票多头风险的话，一般不超过 20%。通俗地讲，量化对冲基金好比是用股指期货或期权将指数增强基金中的系统性风险对冲了，剥离出来的阿尔法超额收益成为产品的最重要收益来源。因此，Wind 上把量化对冲基金归类为股票多空，体现出了策略本身的含义。此外，量化对冲基金的股票组合多数采用量化模型选股的方式，但也有基金经理主动选股的。量化对冲基金在命名的时候，一般选择量化对冲、阿尔法对冲或者绝对收益策略等。

　　国内公募量化对冲基金以 2013 年 12 月嘉实绝对收益策略（000414.OF）的成立为标志，2014 年开始陆续增多。从 2014 年年底约 38 亿规模，发展到 2021 年年底规模超过 450 亿，7 年时间增长了约 11 倍。期初的持有人以个人投资者为主，平均超过 80%。到 2021 年年底的时候，随着产品的增多，机构投资者选择范围更大，已经成为主要持有人，平均持有比例超过 60%。

作为绝对收益策略类产品，国内的量化对冲公募基金目前尚处于发展中，相比股票类基金、混合类基金，数量较少。从实际的运行情况来看，量化对冲基金的业绩分化显著。以 2021 年的收益来看（见表 6-1），表现靠前的产品收益率超过 7%，表现靠后的产品收益率亏损超过 9%，收益差距近乎 2 倍。因此，在投资量化对冲基金前的研究工作，显得尤为必要。

表 6-1　部分量化对冲基金产品

证券代码	证券简称	基金成立日	基金规模/亿元	2021 年回报率/%	基金经理
000414.OF	嘉实绝对收益策略 A	2013-12-06	18.16	6.09	金猛
000585.OF	嘉实对冲套利 A	2014-05-16	11.85	6.31	金猛，方晗
000667.OF	工银绝对收益 A	2014-06-26	5.61	3.88	游凛峰，张乐涛
000753.OF	华宝量化对冲 A	2014-09-17	4.35	-0.54	徐林明，王正
519062.OF	海富通阿尔法对冲 A	2014-11-20	47.03	2.10	杜晓海，朱斌全
000844.OF	南方绝对收益	2014-12-01	2.78	0.15	李佳亮，冯雨生
000992.OF	广发对冲套利	2015-02-06	4.35	-3.58	陈甄璞，陈宇庭
001059.OF	中金绝对收益策略	2015-04-21	1.95	0.83	魏哼
001073.OF	华泰柏瑞量化绝对收益	2015-06-29	1.45	2.45	田汉卿，盛豪
001641.OF	富国绝对收益多策略 A	2015-09-17	3.73	-1.27	于鹏
001791.OF	大成绝对收益策略 A	2015-09-23	0.12	-9.08	夏高，李绍
002224.OF	中邮绝对收益策略	2015-12-30	2.93	1.99	王喆
000762.OF	汇添富绝对收益定开 A	2017-03-15	226.63	0.36	顾耀强，吴江宏
005280.OF	安信稳健阿尔法定开 A	2017-12-06	1.79	2.10	徐黄玮
008831.OF	海富通安益对冲 A	2020-01-22	9.24	2.86	杜晓海
008835.OF	富国量化三个月持有期 A	2020-02-25	10.59	3.56	方旻
008851.OF	景顺长城量化对冲策略三个月	2020-02-27	11.89	1.57	黎海威
008895.OF	申万菱信量化对冲策略	2020-03-25	9.31	2.50	刘敦，夏祥全，孙晨进
008848.OF	中融智选 3 个月定开	2020-04-03	4.19	7.78	赵菲
008856.OF	华夏安泰对冲策略 3 个月定开	2020-06-05	6.58	6.45	孙蒙
010668.OF	工银优选对冲 A	2020-12-30	1.64	6.52	游凛峰，陈小鹭

▷ 第五节　量化对冲的四位一体

作为主动投资和被动投资相结合的门派，量化对冲的投资框架是四位一体的。了解这一框架后，对于研究量化基金，或是在量化投资江湖上行走都大有裨益。

量化对冲投资框架主要包含资产配置、股票投资、空头工具和其他低风险策略。资产配置是根据市场情况尤其是对冲成本的变化，在市场中性的原则下确定各类资产的配置比例，从而控制风险以稳定收益。股票投资是运用量化模型构造股票增强组合，力求超越基准指数，并根据市场变化趋势，定期对模型进行调整，提高模型的有效性。空头工具端理论上可以通过股指期货、融资融券、股指期权来实现，但在实际操作层面目前主要使用股指期货进行套期保值对冲。在主要利用市场中性策略获取阿尔法收益的同时，还可视市场情况灵活运用其他低风险收益策略来增强收益，降低波动，例如网下打新策略、股指期货期现套利/跨期套利策略、转债配置策略等。

在四位一体的投资框架下，量化对冲策略呈现出低波动、低回撤和低相关性的特征。量化对冲策略通过股指期货对冲系统性风险，无论市场涨跌，都力争实现稳定的绝对收益，严格控制风险暴露与回撤。对冲操作使产品几乎不承担市场风险，并能赚取股票和股指之间的相对收益。同时，打新、现金管理、转债等策略可以增强收益，波动和回撤小于股票基金。策略通过对冲剥离股市系统风险，和股市低相关；利率风险暴露小，和货币、债市弱相关。因此，量化对冲作为独特的绝对收益类投资兵器，为低风险偏好的资金提供了配置的新选择。

正是因为量化对冲的诸多投资约束，一般情况下其收益的爆发力弱于股票基金。去掉对冲的约束条件后，核心构件便是股票量化投资，而选股策略的超额收益正是量化对冲的主要收益来源。

那么，量化选股是如何运行的？

▶第六节　量化股票投资解析

投资大师本杰明·格雷厄姆曾经说过："股价就像一只跟着主人散步的小狗。主人沿着马路前进，小狗一会儿跑到主人前面，一会儿又落后于主人。"

传统的主动投资主要是研究"主人"，即价值，而初期的量化投资注重研究"小狗"，也就是价格。量化投资直接从数据出发，挖掘股票价格的波动规律，并尝试用这样的规律获取收益。随着投资体系的演进，量化投资策略逐渐进化为多因子模型，涵盖基本面逻辑和技术面逻辑，从而不断挖掘能够产生超额收益的阿尔法因子。

量化选股的投资理念认为市场特征可以被刻画，优秀的公司有共性，选股能够提供价值。市场由大量数据构成，价格、成交量、财务数据等，这提供了量化的研究基础。量化投资从历史经验中寻找市场运行的规律，总结优秀公司的特点和共性。市场良莠不齐，陪伴好公司、远离差公司，长期来看能够提供正向回报。

量化投资基于历史数据挖掘出的投资策略的规律，未来是否依旧可靠或继续有效存在，这是未知的。长期资本管理公司（LTCM）的教训便是某条策略突然失效，而基于这条投资策略又下了重注，导致面临严重的损失。因此,量化投资策略需要审慎检验、充分分散、持续迭代和动态调整。对策略进行严格的样本外的历史数据测试、未来数据测试,可以降低过拟合的可能性。挖掘很多种类不同、相关性低的策略,不在单一策略上下重注。随着策略的增加,最终的股票组合也会越发分散。不断研发新策略,同时持续检测现有策略的有效性,通过优胜劣汰保持整体策略组合的有效性。研究不同策略在不同市场环境下的有效性,动态调整策略权重,尽量选择适合当前市场环境的策略。

回到最初的起点,量化投资是如何构成的呢?量化投资是系统工程。高质量的数据是基础,计算机程序是工具,量化是技术手段,而投资价值观是内核基石。

量化投资追求稳定的高性价比超额收益,控制跟踪误差和组合风险。多因子量化选股模型的流程主要包括投资逻辑转化为因子、因子构建和检验、阿尔法因子筛选、多因子选股、收益回测和投资组合输出。

投资逻辑主要包含基本面逻辑和技术面逻辑。基本面逻辑如低估值(相同行业、相同质地的公司,越便宜越有吸引力)、成长性(加速成长超预期,稳定成长具有基本面动量)、盈利质量(盈利能力高低,盈利来源的拆解,现金流和利润的匹配)、分析师上调(卖方分析师作为上市公司和二级市场的桥梁,价值发现)等。技术面逻辑如跟随聪明钱(识别出有信息优势的资金,例如北上资金)、机器学习(遗传规划+机器学习模型,深度挖掘量价数据和算子,发现有效的组合方式)等。

在逻辑转化为因子阶段,数据来源尽量广泛,包括但不限于公司公告、分析师数据、交易数据、文本数据(如电商销量、股吧评论)、其他市场(如商品期货和现货价格)等。因子的构建可简单可复杂,从基本面和技术面因子中进行选取和组合。定期选择因子得分最高的一定数量的公司,构建组合,检验其相对指数的超额收益情况。

阿尔法因子的筛选需要遵循可证明、可验证和可持续的原则,即符合投资逻辑,历史绩效优秀,符合当前市场状态。将多个阿尔法因子赋予权重，合并为多因子选股模型，如"50%估值+50%成长"构成的PEG模型。根据这个模型选出得分最高的一定数量的公司构成投资组合。

如果是指数增强组合的话，还需要考虑行业、市值、个股、成分股偏离度，甚至要用到风险模型、优化器等，控制组合波动率，从而得到股票组合。

在投资组合的运作过程中要根据选股模型调仓。基金经理使用的模型不同则调仓频率也有所差异，一般包含日度、周度、月度、季度等。作为量化股票投资的工程师，基金经理会跟踪市场环境变化，评估和改进模型。

多因子选股，便是将质量、价值、规模和动量等诸多因子纳入选股模型，同时将不同因子赋予不同的权重从而构建起投资组合，这一理念是量化策略类基金采用的主要投资方式。量化基金根据策略的演绎，从被动指数、到指数增强再到行业量化基金、全市场量化基金，和主动投资基金越来越近。量化策略类基金在机构投资者的配置盘中占有一定的比例，主要是以时间换空间，追求长期的收益目标。近年来市场上的量化策略类基金产品越来越多，除了指数和指数增强基金等基础类产品，在更大范围内能够长期穿越牛熊的基金产品依然较为稀缺。

大数据基金采用的主要方式是，基金公司与不同的平台合作，通过获取的大数据开发出指数或模型，然后成立相应的被动指数基金或量化类基金。腾讯、百度、阿里、东方财富、银联、京东等都有相应的合作基金产品。大数据基金的历史可以追溯到2014年，当时股票市场开启上涨模式，这个概念也逐渐火爆起来，在2015年大牛市基金销售火爆的时候常常面临比例配售。而在比例配售的基金成立后，打开封闭期时有的再度开启比例配售，而在股价高点进去的投资者随之迎来股市的大跌。随着2015年市场的下跌，大数据基金开始逐渐淡出投资者的视线。因为很多投资者在上面"受伤"，所以大数据基金的规模在2015年牛市之后增量有限。

▶ 第七节　量化基金投资的三重门

在初步理解了量化投资这一门派的武功路数之后，投资者的落脚点在于对基金产品的选择。因为其策略的特殊性，机构对量化基金的选择聚焦在三重门。

第一重门是策略。 尽管量化模型浩如烟海，但量化基金产品按照策略可以分为主动量化、行业量化、指数增强、量化对冲四类。主动量化以均衡配置追求中长期回报，行业量化聚焦特定行业或主题，指数增强需要击败基准指数，量化对冲希望获取绝对收益。根据不同机构的考核目标，不同类别的策略产品在其投资组合中的权重也有所差异。策略的了解除阅读基金合同和定期报告外，还需要对基金经理进行调研。

第二重门是业绩。 说一千，道一万，不如把业绩拉出来看。虽然策略只能模糊了解，但业绩可以精确知道。在考察主动量化产品的时候，要侧重其中长期的业绩回报和排名。因为机构的考核周期大多以一到三年为主，所以考察业绩的时候一般看一年、三年和五年的业绩居多。行业量化产品看收益弹性和回撤管理。一方面在同类行业主题产品里面看业绩表现突出的，另一方面需要分析产品业绩的弹性和回撤。好的行业主题类的量化产品在行业指数上涨的时候能够跟上或超越指数，在行业指数下跌的时候跌幅持平或小于指数。根据这一原则在产品的弹性和回撤之间寻找平衡点。指数增强产品主要关注超额收益和跟踪误差。通俗来讲，跟踪偏离度是基金收益率与业绩基准收益率之间的差异，而跟踪误差是跟踪偏离度的标准差。一般而言，在给定跟踪误差容忍度的情况下，基金相对基准指数的超额收益越高越好。对于量化对冲产品，收益和回撤是筛选基金的要点。与同类产品做比较后，收益高的基金一定程度上说明其选股模型超额收益获取能力强，回撤低可以反映其风险控制能力好。无论是哪一类产品，良好业绩的持续性是必不可少的。

第三重门是投资研究团队。量化基金作为人才、资金和技术的综合竞争，基金经理和投资研究团队是保证投资模型持续有效和不断迭代的中坚力量。这方面的考察可以看投资研究团队的人数、学历背景、职业履历等，看公司配备的软硬件设施。此外，一种技巧是可以交叉验证。交叉验证主要是以量化对冲和指数增强（或股票量化）为主。如果一个团队既有指数增强又有量化对冲产品，且业绩都持续处于同类产品的前二分之一，那说明他们的模型和策略稳定性较好。如果两类产品之间业绩差异巨大，则需要做更为深入的研究。如果只有指数增强但一直没有发行量化对冲产品的计划，说明其超额收益转换为绝对收益的能力有待进一步考察。换言之，量化对冲优秀的团队一般管理指数增强不会太差，反之则不一定。

投资笔记

　　股票组合的收益由贝塔和阿尔法两部分构成。贝塔是基准指数的收益，阿尔法是股票组合超越基准指数或市场的收益。量化多头追求阿尔法。量化对冲剥离贝塔，保留阿尔法。

　　正是因为量化对冲的诸多投资约束，一般情况下其收益的爆发力弱于股票基金。去掉对冲的约束条件后，核心构件便是股票量化投资，而选股策略的超额收益正是量化对冲的主要收益来源。

　　量化投资是系统工程。高质量的数据是基础，计算机程序是工具，量化是技术手段，而投资价值观是内核基石。

　　选择量化基金需要聚焦策略、业绩、投资研究团队这三重门。

　　量化对冲优秀的团队一般管理指数增强不会太差，反之则不一定。

实践篇

　　投资修行获得投资收益需要在实践中厘定仓位和机构。对于机构投资而言，仓位是前提，但更重要的是结构。那么，投资结构应当如何选择？实践篇，让您的选择更明智，市值风格选大小，行业主题看赛道。

第七章

市值风格：大珠小珠落玉盘

市场的阶段风格不断变化，在分歧和一致之间轮回。许多投资者在复盘时，经常后悔没有买对风格。但比没有买对风格更让人遗憾的，是清楚市场当时的风格但不知道买什么。机构投资者经常在大、中、小盘之间进行选择和偏离。如果不想陷入纯粹的大小盘之战，他们会考虑注重企业盈利的高股息或者红利策略风格的产品。市值风格的投资工具，为机构投资者扫清了风格投资中的障碍。从而使得市值风格这道判断题，对机构而言，不再是一座无法越过的山丘。

▷第一节　市场的大小盘股特征

市值风格、行业配置、主题选择是机构投资者配置基金获取 A 股市场投资收益的重要来源。市值风格关乎大小，行业配置需要深耕，主题选择纵横交错。市值风格，体现为 A 股市场大小盘股票的特征。行业配置是基于对行业基本面的分析和比较进行选择。主题选择，涉及一个或多个行业与板块的交叉，一旦有基本面、政策面、资金面的共振，将带来显著的投资回报。

A 股市场的大小盘风格特征，表现为大盘股和中小盘股的收益分化，而这样的分化往往持续时间较长。沪深 300、中证 500、中证 1000 指数分别代表 A 股市场上的大盘股、中盘股和小盘股。沪深 300 指数由上海和深圳证券市场中市值大、流动性好的 300 只股票组成。中证 500 指数由全部 A 股中剔除沪深 300 指数成份股及总市值排名前 300 名的股票后，总市值排名靠前的 500 只股票组成。中证 1000 指数由全部 A 股中剔除中证 800 指数成份股后，规模偏小且流动性好的 1 000 只股票组成，综合反映中国 A 股市场中一批小市值公司的股票价格表现。

从 2010 年到 2021 年 12 年的数据来看（见表 7-1），6 个年度大小盘股同涨同跌，6 个年度大小盘股收益分化。从累计收益来看，小盘股收益领先，中盘股居中，大盘股靠后。2020 年大盘股领先，小盘股靠后。2021 年小盘股领先，大盘股靠后。把握这类风格的投资机会，可以通过配置规模类指数基金实现。

表 7-1　2010—2021 年大小盘股的收益情况

类别	年收益率/%												总收益率/%
	2010年	2011年	2012年	2013年	2014年	2015年	2016年	2017年	2018年	2019年	2020年	2021年	
大盘股	-12.51	25.01	7.55	-7.65	51.66	5.58	-11.28	21.78	-25.31	36.07	27.21	-5.20	38.17
中盘股	10.07	-33.83	0.28	16.89	39.01	43.12	-17.78	-0.20	-33.32	26.38	20.87	15.58	64.08
小盘股	17.40	-32.96	-1.43	31.59	34.46	76.10	-20.01	-17.35	-36.87	25.67	19.39	20.52	82.41

▷ 第二节　规模指数版图

规模指数，一般以市值大小确定成分股的权重，也可以叫做宽基指数。宽就是覆盖面广，成分股表征市场平均特征，窄与之对应。投资者可以通过中证指数公司或国证指数公司官网了解相关指数的信息。不同市场的规模指数不同，但又相互交叉（见表 7-2）。

表 7-2 规模指数示例

板块	指数代码	规模指数	前三大行业（申万一级）	有无对应基金	备注
沪市	000001. SH	上证综指	银行、食品饮料、非银金融	有	沪市大盘
	000016. SH	上证 50	食品饮料、非银金融、银行	有	上证权重股，平时也称 50
深市	399106. SZ	深证综指	电力设备、医药生物、电子	有	
	399001. SZ	深证成指	电力设备、电子、医药生物	有	深市大盘
	399330. SZ	深证 100	电力设备、电子、医药生物	有	深市权重股
中小板	399101. SZ	中小综指	电子、电力设备、计算机	有	
	399005. SZ	中小 100	电子、计算机、电力设备	有	
创业板	399102. SZ	创业板综	电力设备、医药生物、电子	有	
	399006. SZ	创业板指	电力设备、医药生物、电子	有	
	399673. SZ	创业板 50	电力设备、医药生物、电子	有	创业板 100
科创板	000688. SH	科创 50	电子、电力设备、计算机	有	
中小创	399612. SZ	中创 100	电力设备、医药生物、电子	有	
	399611. SZ	中创 100R	电力设备、医药生物、电子	有	
	931643. CSI	科创板创业 50	电力设备、医药生物、电子	有	科创板和创业板中市值较大的 50 只
沪深两市	000300. SH	沪深 300	食品饮料、电力设备、银行	有	
	000905. SH	中证 500	医药生物、电子、电力设备	有	
	000852. SH	中证 1000	电子、电力设备、医药生物	有	
	000903. SH	中证 100	食品饮料、银行、食品饮料	有	沪深 300 里的 100 只
	000906. SH	中证 800	电力设备、食品饮料、医药生物	有	沪深 300 和中证 500 的组合

　　上证综指一般指上海证券综合指数，属于沪市大盘，由在上海证券交易所上市的符合条件的股票与存托凭证组成样本，反映上海证券交易所上市公司的整体表现。目前上证综指的样本空间由在上海证券交易所上市的股票和红筹企业发行的存托凭证组成，ST、＊ST 证券除外。深证成指一般指深圳证券交易所成份股份指数，是由深圳证券市场中市值大、流动性好的 500 只 A 股组成，属于深市大盘。这两个指数的成分股是没有交集的。严格来说，深证综指（深圳证券综合指数）反映了在深圳证券交易所主板、原中小板、创业板上市的全部股票的价格综合变动情况以及市场总体走势，和上证综指对应。但从目前的情况来看，深证成指在投资中运用得更为广泛，且具备对应的投资工具。

　　创业板指即创业板指数，其作为投资者经常提及的指数，严格意义上来说并不是创业板的大盘指数，它由创业板中市值大、流动性好的 100 只股票组成，更像是"创 100"。创业板综合指数（创业板综）则选取在深圳证券交易所创业板上市的全部股票，反映创业板市场的总体走势。

　　中小综指即中小板综合指数，其选取在深圳证券交易所原中小企业板上市的全部股票，反映相关股票价格的总体走势。原中小企业板与创业板的股票，也没有交集。

　　将原中小企业板和创业板中规模和流动性综合排名前 100 家公司组成样本股，就得到中小创业企业 100 指数（简称"中创 100"）。中创 100 是价格指数，反映一揽子股票的价格变动情况，不计算样本股的收益。中创 100R 是与之对应的全收益指数，将样本股分红计入指数收益。

　　一旦涉及沪深两市的指数，成分股会包括上交所和深交所的股票，交集就产生了，如前文所提及的沪深 300、中证 500、中证 1000 等。

▶ 第三节　重点规模指数基金

一、一键买入大盘

以大盘指数为基准的投资目标，可以通过配置大盘的指数基金，实现一键买入大盘。

上证指数作为备受投资者关注的大盘，跟踪的指数基金主要有两只（见表7-3）。汇添富基金的规模较大，通过场外进行申购赎回。富国的基金是 ETF 基金，可以在场内交易；同时下设 ETF 联接份额，便于场外申购赎回。这里需要特别说明的是，受限于数据的可得性，本书的研究范围仅限于 2021 年 12 月 31 日之前成立且未到期、在 Wind 上可获取数据的基金，数据更新至 2021 年年底。基金产品的信息处于不断的变动中，需要投资者定期跟踪。如无特别说明，本书对各类基金仅列出部分作为示例参考，并不构成投资建议，这也有利于将更多精力用于讨论基金投资的重要逻辑上。后续若无特别说明，均沿用这一标准。

表 7-3　上证指数对应的基金产品

基金代码	基金名称	基金成立日	基金公司
470007.OF	汇添富上证综指	2009-07-01	汇添富基金
510210.OF	上证综指 ETF	2011-01-30	富国基金
100053.OF	富国上证指数 ETF 联接 A	2011-01-30	富国基金

对于深市大盘的深证成指而言，跟踪的指数基金数量相对较多。最大的是申万菱信基金旗下的指数基金，该基金还是一只可以在场内交易的 LOF 基金。其次是南方基金发行的 ETF 基金，该基金下设联接基金，可以场外申购赎回。融通基金的是可供场外申购赎回的普通指数基金。

在表 7-4 中可以看到，南方深成 ETF 联接基金有 A 份额和 C 份额，其实对应的是同一只基金，只是收费标准有所不同，所以设置了不同的基金代码和名称后缀。南方深成 ETF 联接 A 根据购买金额的不同在申购时收取不同的申购费，赎回时根据持有时间不同收取赎回费。例如，投资金额在 500 万及以上收取 1 000 元申购费，持有时间满 2 年赎回费为 0。南方深成 ETF 联接 C 不收取申购费，根据持有时间收取每年 0.40% 的销售服务费；赎回费率更为简单，如果持有 7 天以内为 1.5%，满 7 天小于 30 天为 0.50%，满 30 天赎回费为 0。融通深证成指基金的 A/B 份额和 C 份额，也是因为收费标准的差异进行了区分，但对应同一只基金。因此投资者在买卖基金的时候需要看清基金产品对于投资费用的规定。此外，表中还列出了其他流动性较好的相关基金产品，以供参考。

表 7-4　深证成指对应的基金产品

基金代码	基金名称	基金成立日	基金公司
159903.OF	南方深成 ETF	2009-12-04	南方基金
202017.OF	南方深成 ETF 联接 A	2009-12-09	南方基金
163109.OF	申万菱信深证成指 A	2010-10-22	申万菱信基金
161612.OF	融通深证成指 A/B	2010-11-15	融通基金
159943.OF	大成深成 ETF	2015-06-05	大成基金
004345.OF	南方深成 ETF 联接 C	2017-02-23	南方基金
004875.OF	融通深证成指 C	2017-07-05	融通基金

二、大盘蓝筹基金

一般情况下，配置大盘蓝筹指数基金相对大盘指数本身，能够具备一定的超额收益，其主要原因在于选股规则的不同。上证综指是将上海证券交易所上市的全部股票纳入考量，而上证 50 指数由沪市 A 股中规模大、流动性好的最具代表性的 50 只股票组成，反映上海证券市场最具影响力的一批龙头公司的股票价格表现。

市场上常存在一种误解，说是 A 股市场没有投资价值。认为大盘 10 年不涨，还在 3 000 点附近；美股市场是长牛，标普 500 从 2011 年到 2020 年 10 年上涨超过 230%。标准普尔 500 指数是由 Standard & Poor's 公司从纽约证券交易所中选出 500 种股票（其中 80% 为工业股，8% 为公用事业股，8% 为金融股，4% 为运输股），根据其股价计算得出的股价指数，采用市值加权；选择成份股不完全取决于市值，产业中的代表性和产业变动反应的敏锐程度同样重要，此外成份股的净资产回报率是指数最重视的硬指标。而上证综指包含上交所的 1 000 多只股票，编制规则存在根本差异。如果看沪深 300 或中证 800，简单选样方式以市值加权的 10 年间涨幅分别是 66.59% 和 56.29%，并不存在 10 年不涨的情况。配置核心蓝筹的重要性不言而喻。

上证 50 作为沪市的权重 50，是超级大盘股，跟踪的指数基金既有被动指数基金，又有指数增强型基金（见表 7-5）。

表 7-5 上证 50 对应的基金产品

基金代码	基金名称	基金成立日	基金公司	备注
510680.OF	万家上证 50ETF	2013-10-31	万家基金	
510680.SH	上证 50ETF 基金	2013-10-31	万家基金	
502040.OF	长盛上证 50 指数	2015-08-13	长盛基金	

表7-5（续）

基金代码	基金名称	基金成立日	基金公司	备注
502040.SH	上证50LOF基金	2015-08-13	长盛基金	
510600.OF	申万菱信上证50ETF	2018-09-03	申万菱信基金	
510600.SH	申万上证50ETF	2018-09-03	申万菱信基金	
005880.OF	建信上证50ETF联接A	2018-10-25	建信基金	
005881.OF	建信上证50ETF联接C	2018-10-25	建信基金	
006220.OF	工银上证50ETF联接A	2018-12-25	工银瑞信基金	
007380.OF	易方达上证50ETF联接C	2019-09-09	易方达基金	
502020.OF	国金上证50指数增强	2019-10-14	国金基金	指数增强
502020.SH	上证50增强LOF	2019-10-14	国金基金	指数增强
008241.OF	东财上证50C	2019-12-03	东财基金	
008057.OF	南方上证50指数C	2020-04-23	南方基金	
110003.OF	易方达上证50增强A	2004-03-22	易方达基金	指数增强
510050.OF	华夏上证50ETF	2004-12-30	华夏基金	
510050.SH	上证50ETF	2004-12-30	华夏基金	
399001.OF	中海上证50指数增强	2010-03-25	中海基金	指数增强
001051.OF	华夏上证50ETF联接A	2015-03-17	华夏基金	
502048.OF	上证50LOF	2015-04-15	易方达基金	
502048.SH	易方达上证50指数A	2015-04-15	易方达基金	
001237.OF	博时上证50ETF联接A	2015-05-27	博时基金	
510710.OF	博时上证50ETF	2015-05-27	博时基金	
510710.SH	上证50ETF博时	2015-05-27	博时基金	
001548.OF	天弘上证50指数A	2015-07-16	天弘基金	
001549.OF	天弘上证50指数C	2015-07-16	天弘基金	
004746.OF	易方达上证50增强C	2017-06-06	易方达基金	指数增强
510800.OF	建信上证50ETF	2017-12-22	建信基金	

表7-5（续）

基金代码	基金名称	基金成立日	基金公司	备注
510800.SH	50ETF 基金	2017-12-22	建信基金	
005733.OF	华夏上证 50ETF 联接 C	2018-03-08	华夏基金	
005737.OF	博时上证 50ETF 联接 C	2018-03-21	博时基金	
510850.OF	工银瑞信上证 50ETF	2018-12-07	工银瑞信基金	
510850.SH	工银上证 50ETF	2018-12-07	工银瑞信基金	
006221.OF	工银上证 50ETF 联接 C	2018-12-25	工银瑞信基金	
510100.OF	易方达上证 50ETF	2019-09-06	易方达基金	
510100.SH	上证 50ETF 易方达	2019-09-06	易方达基金	
007379.OF	易方达上证 50ETF 联接 A	2019-09-09	易方达基金	
008240.OF	东财上证 50A	2019-12-03	东财基金	
008056.OF	南方上证 50 增强 A	2020-04-23	南方基金	

最大的 50ETF 基金是华夏基金发行的，其规模几乎比其他 50 基金的总和还要大，同时华夏基金的上证 50ETF 对应上证 50 的期权合约。

最大的上证 50 指数增强基金是易方达基金旗下的产品。易方达基金在上证 50 指数产品上的布局有三位一体的视角。先有指数增强，接着又发行了 LOF 基金（由之前的分级基金转型而来），后又成立了 ETF。从历史业绩上看，易方达基金的上证 50 指数增强历史业绩优异，该产品并不完全采用量化的方式，还在投资策略上加入了基金经理的主动选股。

中海基金的上证 50 指数增强基金超额收益显著。基金当前的规模不到 3 亿元，相对百亿规模以上的基金而言更为灵活，"新股收益"对基金整体的收益贡献度更好。

在表 7-5 中可以看到，万家上证 50ETF 基金有两个代码数字相同但后缀不同的显示，分别是 OF 和 SH，其实对应的是同一只基金。OF

便于查看基金的净值和基本信息，SH 是基金在场内交易的代码，显示基金的交易价格。为了简化理解，书中一般情况下，同一只基金代码后缀为"OF"的计入基金数量，代码后缀为"SH"的表示在上交所上市交易，为"SZ"的表示在深交所上市交易，均不重复计入基金数量统计。此外，表 7-5 中列出流动性较好的相关基金产品，以供参考。

深证 100 由深圳证券市场中市值大、流动性好的 100 只股票组成，是深证市场的蓝筹指数，表征创新型、成长型龙头企业。深证 100 的金融属性不强，电力设备、电子、医药生物、食品饮料行业占比超 40%，金融行业权重在 10% 以下。

易方达基金、融通基金和银华基金的深证 100 产品规模和流动性靠前（见表 7-6）。融通基金的产品成立时间较早。招商基金和银华基金均布局了场外基金和 ETF 基金。

表 7-6　深证 100 对应的基金产品

基金代码	基金名称	基金成立日	基金公司	备注
161604.OF	融通深证 100 指数 A	2003-09-30	融通基金	
159901.OF	易方达深证 100ETF	2006-03-24	易方达基金	
110019.OF	易方达深证 100ETF 联接 A	2009-12-01	易方达基金	
161812.OF	银华深证 100 指数	2010-05-07	银华基金	
217016.OF	招商深证 100 指数 A	2010-06-22	招商基金	
530018.OF	建信深证 100 指数增强	2012-03-16	建信基金	指数增强
161227.OF	国投瑞银瑞福深证 100 指数	2015-08-14	国投瑞银基金	
004408.OF	招商深证 100 指数 C	2017-03-01	招商基金	
004742.OF	易方达深证 100ETF 联接 C	2017-06-02	易方达基金	
004876.OF	融通深证 100 指数 C	2017-07-05	融通基金	
159961.OF	方正富邦深证 100ETF	2018-11-02	方正富邦基金	
006687.OF	方正富邦深证 100ETF 联接 A	2019-01-24	方正富邦基金	

表7-6(续)

基金代码	基金名称	基金成立日	基金公司	备注
006688.OF	方正富邦深证100ETF联接C	2019-01-24	方正富邦基金	
159969.OF	银华深证100ETF	2019-06-28	银华基金	
159975.OF	招商深证100ETF	2019-11-07	招商基金	
159970.OF	工银瑞信深证100ETF	2019-12-19	工银瑞信基金	
009472.OF	广发深证100指数C	2020-05-26	广发基金	
162714.OF	广发深证100指数A	2020-05-26	广发基金	
008236.OF	招商深证100ETF联接A	2020-06-12	招商基金	
008237.OF	招商深证100ETF联接C	2020-06-12	招商基金	
008249.OF	工银深证100ETF联接A	2020-07-24	工银瑞信基金	
008250.OF	工银深证100ETF联接C	2020-07-24	工银瑞信基金	

沪深300相较于上证50金融占比超过30%而言，其行业分布更为均衡，金融占比下降到20%多。作为沪深两市核心蓝筹的代表，沪深300跟踪的指数基金数量热度不亚于上证50，被动指数的数量大致是增强指数的1.5倍。

华泰柏瑞基金、华夏基金和嘉实基金的沪深300ETF是规模和流动性靠前的三只被动投资沪深300的指数产品（见表7-7），且均设有联接基金便于场外交易。值得一提的是，不同于华泰柏瑞基金和华夏基金的ETF在上交所上市交易，嘉实基金的ETF在深交所上市交易；同时嘉实基金的ETF联接基金A还是一只LOF产品，可以在场内交易。此外，表中显示的华夏基金和嘉实基金ETF联接成立时间早于ETF基金本身，这源于华夏基金和嘉实基金之前先成立了开放式的场外指数基金，2012年成立ETF产品后，将原有的场外指数基金转为ETF联接基金运作。

表 7-7　沪深 300 对应的基金产品

证券代码	证券简称	基金成立日	基金公司	备注
050002.OF	博时沪深 300 指数 A	2003-08-26	博时基金	
200002.OF	长城久泰沪深 300 指数 A	2004-05-21	长城基金	
270010.OF	广发沪深 300ETF 联接 A	2008-12-30	广发基金	
000051.OF	华夏沪深 300ETF 联接 A	2009-07-10	华夏基金	
110020.OF	易方达沪深 300ETF 联接 A	2009-08-26	易方达基金	
100038.OF	富国沪深 300 指数增强 A	2009-12-16	富国基金	指数增强
519671.OF	银河沪深 300 价值指数 A	2009-12-28	银河基金	
163407.OF	兴全沪深 300 指数增强 A	2010-11-02	兴证全球基金	指数增强
519116.OF	浦银安盛沪深 300 指数增强	2010-12-10	浦银安盛基金	指数增强
510300.OF	华泰柏瑞沪深 300ETF	2012-05-04	华泰柏瑞基金	
159919.OF	嘉实沪深 300ETF	2012-05-07	嘉实基金	
163821.OF	中银沪深 300 等权重指数	2012-05-17	中银基金	
460300.OF	华泰柏瑞沪深 300ETF 联接 A	2012-05-29	华泰柏瑞基金	
110030.OF	易方达沪深 300 量化增强	2012-07-05	易方达基金	指数增强
510330.OF	华夏沪深 300ETF	2012-12-25	华夏基金	
159925.OF	南方沪深 300ETF	2013-02-18	南方基金	
510310.OF	易方达沪深 300ETF	2013-03-06	易方达基金	
000311.OF	景顺长城沪深 300 指数增强 A	2013-10-29	景顺长城基金	指数增强
000176.OF	嘉实沪深 300 指数增强 A	2014-12-26	嘉实基金	指数增强
000961.OF	天弘沪深 300ETF 联接 A	2015-01-20	天弘基金	
000950.OF	易方达沪深 300 非银 ETF 联接 A	2015-01-22	易方达基金	
001016.OF	华夏沪深 300 指数增强 C	2015-02-10	华夏基金	指数增强
001015.OF	华夏沪深 300 指数增强 A	2015-02-10	华夏基金	指数增强

表7-7(续)

证券代码	证券简称	基金成立日	基金公司	备注
003876.OF	华宝沪深 300 指数增强 A	2016-12-09	华宝基金	指数增强
003885.OF	汇安沪深 300 指数增强 C	2017-01-25	汇安基金	指数增强
003884.OF	汇安沪深 300 指数增强 A	2017-01-25	汇安基金	指数增强
003548.OF	泰达宏利沪深 300 指数增强 C	2017-02-09	泰达宏利基金	指数增强
004191.OF	招商沪深 300 指数增强 C	2017-02-10	招商基金	指数增强
004190.OF	招商沪深 300 指数增强 A	2017-02-10	招商基金	指数增强
007339.OF	易方达沪深 300ETF 联接 C	2019-04-25	易方达基金	
007045.OF	博道沪深 300 指数增强 C	2019-04-26	博道基金	指数增强
007044.OF	博道沪深 300 指数增强 A	2019-04-26	博道基金	指数增强

被动指数基金的竞争日益激烈，多家公司开始降低费率以适应新的市场环境。目前沪深 300ETF 基金管理费率最低的降至 0.15%。

沪深 300 指数作为国内许多基金产品的业绩基准，其增强指数类产品较为丰富，百花齐放。无论是规模靠前具备海外背景的富国基金、景顺长城基金和华泰柏瑞基金，还是规模靠后具备本土特色的华宝基金、招商基金和浦银安盛基金，超额收益都各有特色。富国的基金经理李经理、华泰柏瑞的基金经理田经理、景顺长城的基金经理黎经理，三人均曾就职于巴克莱国际投资管理公司（Barclays Global Investors），是国内公募基金量化投资领域的知名人士。

中证 100 指数由沪深 300 指数成份股中规模最大的 100 只股票组成，是超大市值公司的投资工具。行业分布均衡度介于上证 50 和沪深 300 之间，金融行业权重约 26%。

华宝基金和广发基金在被动跟踪中证 100 的产品中规模和流动性领先（见表 7-8）。中银基金产品在中证 100 指数增强中流动性靠前。宝盈中证 100 指数增强自 2017 年更换基金经理后业绩开始逐步攀升。

表 7-8　中证 100 对应的基金产品

基金代码	基金名称	基金成立日	基金公司	备注
519100.OF	长盛中证 100 指数	2006-11-22	长盛基金	
163808.OF	中银中证 100 指数增强	2009-09-04	中银基金	指数增强
240014.OF	华宝中证 100 指数 A	2009-09-29	华宝基金	
320010.OF	诺安中证 100 指数 A	2009-10-27	诺安基金	
162307.OF	海富通中证 100 指数 A	2009-10-30	海富通基金	
410008.OF	华富中证 100 指数	2009-12-30	华富基金	
213010.OF	宝盈中证 100 指数增强 A	2010-02-08	宝盈基金	指数增强
162509.OF	国联安中证指数 100	2010-04-16	国联安基金	
159923.OF	大成中证 100ETF	2013-02-07	大成基金	
202211.OF	南方中证 100 指数 A	2014-12-30	南方基金	
162413.OF	华宝中证 1000 指数 A	2015-06-04	华宝基金	
005691.OF	南方中证 100 指数 C	2018-03-09	南方基金	
006486.OF	广发中证 1000 指数 A	2018-11-02	广发基金	
006487.OF	广发中证 1000 指数 C	2018-11-02	广发基金	
007405.OF	华宝中证 100 指数 C	2019-05-10	华宝基金	
007135.OF	广发中证 100ETF 联接 A	2019-05-27	广发基金	
007136.OF	广发中证 100ETF 联接 C	2019-05-27	广发基金	
512910.OF	广发中证 100ETF	2019-05-27	广发基金	
007580.OF	宝盈中证 100 指数增强 C	2019-07-01	宝盈基金	指数增强
164508.OF	国富中证 100 指数增强	2020-03-27	国海富兰克林基金	指数增强
515670.OF	中银中证 100ETF	2020-04-17	中银基金	
010351.OF	诺安中证 100 指数 C	2020-10-28	诺安基金	
010224.OF	海富通中证 100 指数 C	2020-11-10	海富通基金	
009479.OF	中银中证 100ETF 联接 A	2020-11-10	中银基金	
009480.OF	中银中证 100ETF 联接 C	2020-11-10	中银基金	

三、中小盘基金

中小创经常被投资者谈及。当谈论中小创时，大家对中小创的定义其实是有些模糊的，到底是谈及市值大小，还是板块风格？在投资时，厘清这个前提是有必要的。中小创不等同于中小板，也不是中小板加创业板。出于讨论的需要，本书将中小创视为对中小盘股票和创业板股票的一种统称。中小盘股可以用市值衡量，创业板具备板块特征，在随后进行讨论。

中证 500 和中证 1000 是具备投资属性和对应投资工具的中小盘指数。中证 500 指数是在全部 A 股中剔除沪深 300 指数成份股及总市值排名前 300 名的股票后，由总市值排名靠前的 500 只股票组成。中证 1000 指数是在全部 A 股中剔除中证 800 指数成份股后，由规模偏小且流动性好的 1 000 只股票组成。如果中证 500 是中盘股，中证 1000 是小盘股，那么沪深 300 就是大盘股，中证 100 是超大盘股。

在一些机构投资者看来，中证 500 因为选股范围更大，相比上证 50 更容易做出超额收益。因此，许多机构布局跟踪中证 500 的指数增强型基金（见表 7-9），市场上存在很多规模在 5 亿元以下的该类产品。南方基金、华夏基金、嘉实基金的中证 500ETF 规模和流动性领先，且有相应的 ETF 联接基金。南方基金和广发基金的 ETF 联接 A 份额也是 LOF 基金。从指数增强产品来看，一方面，具备量化基因的富国基金和华泰柏瑞基金的业绩较为出色；另一方面，申万菱信、创金合信等基金公司近年来的量化增强也做得不错。

表 7-9　中证 500 对应的基金产品

基金代码	基金名称	基金成立日	基金公司	备注
160119.OF	南方中证 500ETF 联接 A	2009-09-25	南方基金	
162711.OF	广发中证 500ETF 联接 A	2009-11-26	广发基金	
160616.OF	鹏华中证 500 指数 A	2010-02-05	鹏华基金	
161017.OF	富国中证 500 指数增强 A	2011-10-12	富国基金	指数增强
519034.OF	海富通中证 500 增强 A	2012-05-25	海富通基金	指数增强
510440.OF	大成中证 500 沪市 ETF	2012-08-24	大成基金	
159922.OF	嘉实中证 500ETF	2013-02-06	嘉实基金	
510500.OF	南方中证 500ETF	2013-02-06	南方基金	
000008.OF	嘉实中证 500ETF 联接 A	2013-03-22	嘉实基金	
510510.OF	广发中证 500ETF	2013-04-11	广发基金	
159932.OF	大成中证 500 深市 ETF	2013-09-12	大成基金	
159935.OF	景顺长城中证 500ETF	2013-12-26	景顺长城基金	
000478.OF	建信中证 500 指数增强 A	2014-01-27	建信基金	指数增强
000962.OF	天弘中证 500ETF 联接 A	2015-01-20	天弘基金	
001052.OF	华夏中证 500ETF 联接 A	2015-05-05	华夏基金	
512500.OF	华夏中证 500ETF	2015-05-05	华夏基金	
001214.OF	华泰柏瑞中证 500ETF 联接 A	2015-05-13	华泰柏瑞基金	
512510.OF	华泰柏瑞中证 500ETF	2015-05-13	华泰柏瑞基金	
510580.OF	易方达中证 500ETF	2015-08-27	易方达基金	
002316.OF	创金合信中证 500 指数增强 C	2015-12-31	创金合信基金	指数增强
002311.OF	创金合信中证 500 指数增强 A	2015-12-31	创金合信基金	指数增强
002510.OF	申万菱信中证 500 指数增强 A	2016-04-21	申万菱信基金	指数增强
002907.OF	南方中证 500 增强 C	2016-11-23	南方基金	指数增强

表7-9（续）

基金代码	基金名称	基金成立日	基金公司	备注
002906.OF	南方中证 500 增强 A	2016-11-23	南方基金	指数增强
006594.OF	博道中证 500 指数增强 C	2019-01-03	博道基金	指数增强
006593.OF	博道中证 500 指数增强 A	2019-01-03	博道基金	指数增强
007795.OF	申万菱信中证 500 指数增强 C	2019-08-08	申万菱信基金	指数增强
007794.OF	申万菱信中证 500 优选增强 C	2019-08-08	申万菱信基金	指数增强
007593.OF	鹏扬中证 500 质量成长指数 A	2019-08-29	鹏扬基金	
007594.OF	鹏扬中证 500 质量成长指数 C	2019-08-29	鹏扬基金	
009609.OF	广发中证 500 指数增强 C	2020-10-15	广发基金	指数增强
009608.OF	广发中证 500 指数增强 A	2020-10-15	广发基金	指数增强

中证 1000 的跟踪产品目前来看规模相对较小。南方基金的 ETF 产品规模和流动性靠前。创金合信基金的指数增强产品成立时间较早（见表 7-10），业绩优异。富国的中证 1000 指数增强产品是 LOF 基金，可以场内交易。

表 7-10　中证 1000 对应的基金产品

基金代码	基金名称	基金成立日	基金公司	备注
162413.OF	华宝中证 1000 指数 A	2015-06-04	华宝基金	
512100.OF	南方中证 1000ETF	2016-09-29	南方基金	
003646.OF	创金合信中证 1000 指数增强 A	2016-12-22	创金合信基金	指数增强
003647.OF	创金合信中证 1000 指数增强 C	2016-12-22	创金合信基金	指数增强
004194.OF	招商中证 1000 指数增强 A	2017-03-03	招商基金	指数增强

表7-10（续）

基金代码	基金名称	基金成立日	基金公司	备注
004195.OF	招商中证1000指数增强C	2017-03-03	招商基金	指数增强
005313.OF	万家中证1000指数增强A	2018-01-30	万家基金	指数增强
005314.OF	万家中证1000指数增强C	2018-01-30	万家基金	指数增强
161039.OF	富国中证1000指数增强A	2018-05-31	富国基金	指数增强
006486.OF	广发中证1000指数A	2018-11-02	广发基金	
006487.OF	广发中证1000指数C	2018-11-02	广发基金	
006165.OF	建信中证1000指数增强A	2018-11-22	建信基金	指数增强
006166.OF	建信中证1000指数增强C	2018-11-22	建信基金	指数增强

　　为了进一步分析，现在将关注对象转向中小板。原中小板市场汇聚了中国众多优秀、具有活力的中小企业，这一板块已经发展成为中国多层次资本市场体系中特色鲜明、不可替代的独立组成部分。中小板是中小企业的广阔天地之一。2021年2月，经中国证监会批复，深交所启动了合并主板与中小板工作，合并主板与中小板于2021年4月6日正式实施。这是深化资本市场改革的一项重要举措。根据深交所与深圳证券信息有限公司2021年2月5日发布的《关于调整中小板指等指数名称的公告》，安排原有的中小板相关指数名称进行适应性调整，如"中小板指数"改为"中小企业100指数"。深交所表示，两板合并不影响相关的指数基金作为投资工具的属性。

　　中小综指选取在深圳证券交易所原中小企业板上市的全部股票，反映其总体走势。中小100遴选了原中小板市场中市值大、流动性好的100只A股作为样本股。可以说，中小100是原中小板的权重股代表。

　　国联安中小综指（162510.OF）是跟踪中小综指的被动指数基金，目前规模较小，为800万元以下。跟踪中小100的产品相对多一些（见表7-11）。华夏基金的中小企业100ETF规模和流动性靠前。

表 7-11　原中小板指对应的基金产品

基金代码	基金名称	基金成立日	基金公司	备注
460220.OF	华泰柏瑞上证中小盘 ETF 联接	2011-01-26	华泰柏瑞基金	
510220.OF	华泰柏瑞上证中小盘 ETF	2011-01-26	华泰柏瑞基金	
162510.OF	国联安中小综指	2015-03-23	国联安基金	
159902.OF	华夏中小企业 100ETF	2006-06-08	华夏基金	
410010.OF	华富中小企业100指数增强	2011-12-09	华富基金	指数增强
163111.OF	申万菱信中小企业 100A	2017-05-09	申万菱信基金	
006246.OF	华夏中小企业 100ETF 联接 A	2018-09-10	华夏基金	
006247.OF	华夏中小企业 100ETF 联接 C	2018-09-10	华夏基金	
007799.OF	申万菱信中小企业 100 指数 C	2019-08-08	申万菱信基金	
161118.OF	易方达中小企业 100A	2019-09-20	易方达基金	

四、创业板基金

创业板是波动剧烈的板块。从 2013 年到 2015 年的 3 年间涨幅接近 3 倍，从 2016 年到 2018 年则连续 3 年下跌，从 2015 年的收盘价开始"腰斩"超过一半。如果从 2015 年 4 037.96 点的高点计算，2018 年年底是 1 250.53 点，期间跌幅约 70%，接近"脚踝斩"。尽管如此，战斗在创业板的投资者依然不少。

2018 年开始，创蓝筹这个词开始流行起来。创蓝筹是对创业板中蓝筹股的泛称，尚无统一的精确定义。创业板 50 一度被投资者认为是创蓝筹的代表，最早的出处暂无可知。华安创业板 50ETF 的基金经理、华安基金指数与量化投资部的高级总监许经理曾在 2018 年表示，创业板 50 是创蓝筹。华安创业板 50ETF 的份额，从 2017 年年底的不到 3 亿元，在 2018 年 1 季度末呈指数级上升至超过 28 亿元，2018 年年底超过 200 亿元。2020 年年底降到 84 亿多元。2018 年创业板 50 指数下跌 34.09%，2019 年上涨 50.93%，2020 年上涨 88.74%，2021 年上涨 16.88%。本书将从创业板综开始，逐步探寻创蓝筹的意义。

创业板综选取在深圳证券交易所创业板上市的全部股票，反映创业板市场的总体走势。海富通创业板增强和景顺长城创业板综均属于跟踪创业板综指的指数增强型基金（见表 7-12），尽管目前规模较小，但具有明显的超额收益。

表 7-12　创业板综对应的基金产品

基金代码	基金名称	基金成立日	基金公司
005287.OF	海富通创业板增强 C	2018-04-08	海富通基金
005288.OF	海富通创业板增强 A	2018-04-08	海富通基金
008072.OF	景顺长城创业板综指	2020-05-25	景顺长城基金

创业板指由创业板中市值大、流动性好的 100 只股票组成，反映创业板市场的运行情况。创业板指数的行业分布中，排名前五的电力设备、医药生物、电子、非银金融、计算机合计占比高于 70%，新兴产业、高新技术企业占比高，成长性突出，可谓是"创业板 100"。在跟踪创业板指的基金产品中（见表 7-13），易方达基金的创业板 ETF 规模和流行性领先。在创业板指数增强基金中，长城创业板指数增强业绩突出，是较好的配置工具。

表 7-13　创业板指对应的基金产品

基金代码	基金名称	基金成立日	基金公司	备注
159908.OF	博时创业板 ETF	2011-06-10	博时基金	
050021.OF	博时创业板 ETF 联接 A	2011-06-10	博时基金	

表7-13（续）

基金代码	基金名称	基金成立日	基金公司	备注
159915.OF	易方达创业板 ETF	2011-09-20	易方达基金	
110026.OF	易方达创业板 ETF 联接 A	2011-09-20	易方达基金	
161613.OF	融通创业板指数增强 A/B	2012-04-06	融通基金	指数增强
161022.OF	富国创业板指数 A	2013-09-12	富国基金	
160637.OF	鹏华创业板指数	2015-06-09	鹏华基金	
001592.OF	天弘创业板 ETF 联接 A	2015-07-08	天弘基金	
001593.OF	天弘创业板 ETF 联接 C	2015-07-08	天弘基金	
159948.OF	南方创业板 ETF	2016-05-13	南方基金	
002656.OF	南方创业板 ETF 联接 A	2016-05-20	南方基金	
160223.OF	国泰创业板指数	2016-11-11	国泰基金	
004343.OF	南方创业板 ETF 联接 C	2017-02-23	南方基金	
159952.OF	广发创业板 ETF	2017-04-25	广发基金	
003765.OF	广发创业板 ETF 联接 A	2017-05-25	广发基金	
003766.OF	广发创业板 ETF 联接 C	2017-05-25	广发基金	
001879.OF	长城创业板指数增强 A	2017-06-01	长城基金	指数增强
004744.OF	易方达创业板 ETF 联接 C	2017-06-02	易方达基金	
004870.OF	融通创业板指数增强 C	2017-07-05	融通基金	指数增强
159955.OF	嘉实创业板 ETF	2017-07-14	嘉实基金	
159957.OF	华夏创业板 ETF	2017-12-08	华夏基金	
159958.OF	工银瑞信创业板 ETF	2017-12-25	工银瑞信基金	
159956.OF	建信创业板 ETF	2018-02-06	建信基金	
005390.OF	工银瑞信创业板 ETF 联接 A	2018-03-21	工银瑞信基金	
005391.OF	工银瑞信创业板 ETF 联接 C	2018-03-21	工银瑞信基金	
005873.OF	建信创业板 ETF 联接 A	2018-06-13	建信基金	
005874.OF	建信创业板 ETF 联接 C	2018-06-13	建信基金	
006248.OF	华夏创业板 ETF 联接 A	2018-08-14	华夏基金	
006249.OF	华夏创业板 ETF 联接 C	2018-08-14	华夏基金	

表7-13（续）

基金代码	基金名称	基金成立日	基金公司	备注
006733.OF	博时创业板 ETF 联接 C	2018-12-10	博时基金	
006928.OF	长城创业板指数增强 C	2019-01-29	长城基金	指数增强
159964.OF	平安创业板 ETF	2019-03-15	平安基金	

创业板 50 指数从创业板指数的 100 只样本股中，选取最近六个月的日均成交额排名靠前的 50 只股票组成。一定意义上，创业板 50 是过去一段时间创业板指数中成交最活跃的股票，有一定的趋势因素。从截至 2021 年 12 月底的情况来看，创业板 50 的行业分布中，电力设备、医药生物、电子占比超 70%，行业分布相对创业板指更为集中，且不包含在创业板指中占比约 4% 的农、林、牧、渔。

创业板 50 对应的主要是华安基金和交银施罗德基金的被动指数产品。华安基金除了有 2018 年大出风头且目前规模依旧领先的创业板 50ETF 外，还有场外指数基金（见表 7-14）。

表 7-14　创业板 50 对应的基金产品

基金代码	基金名称	基金成立日	基金公司
160420.OF	华安创业板 50 指数 A	2015-07-06	华安基金
159949.OF	华安创业板 50ETF	2016-06-30	华安基金
160422.OF	华安创业板 50ETF 联接 A	2018-11-08	华安基金
160424.OF	华安创业板 50ETF 联接 C	2019-05-21	华安基金
007464.OF	交银创业板 50 指数 A	2019-11-20	交银施罗德基金
007465.OF	交银创业板 50 指数 C	2019-11-20	交银施罗德基金

截至目前，创业板的面纱已经揭开，创蓝筹似乎依旧是犹抱琵琶半遮面。创业低波蓝筹（属于创蓝筹的一个子领域，不代表整体的创蓝筹。下文简称"创业蓝筹"，代码 399295.SZ）指数从盈利、会计稳健、

投资稳健、违约风险和低波动五个维度综合选取 50 只创业板股票，反映创业板中具备良好盈利能力、具有稳健财务质量，且波动率较低的上市公司整体运行情况。创业蓝筹指数的行业分布中，医药生物、电力设备、计算机、电子、机械设备的合计占比约 80%。创业动量成长指数（简称"创成长指数"，代码 399296.SZ）由创业板市场中具有良好成长能力和动量效应的 50 只股票组成，反映创业板中成长能力良好、动量效应显著的上市公司整体运行情况。创成长指数的行业分布中，电力设备、非银金融、电子、医药生物、国防军工的合计占比约 91%，行业集中度相对较高。创业蓝筹指数和创成长指数是 2019 年发布的创业板中的两只 Smart Beta 指数（策略指数），华夏基金针对两只指数成立了对应的基金产品进行跟踪（见表 7-15）。

表 7-15　创业板 Smart Beta 指数对应的基金产品

基金代码	基金名称	基金成立日	基金公司
159966.OF	华夏创业板低波蓝筹 ETF	2019-06-14	华夏基金
159967.OF	华夏创业板动量成长 ETF	2019-06-21	华夏基金
007472.OF	华夏创业板低波蓝筹 ETF 联接 A	2019-06-26	华夏基金
007473.OF	华夏创业板低波蓝筹 ETF 联接 C	2019-06-26	华夏基金
007474.OF	华夏创业板动量成长 ETF 联接 A	2019-06-26	华夏基金
007475.OF	华夏创业板动量成长 ETF 联接 C	2019-06-26	华夏基金

创业板指、创业板 50、创业蓝筹指数、创成长指数各有特点。对比几大指数的表现（见图 7-1），创业蓝筹指数防守性更好，在市场大幅下跌阶段跌幅相对更小，如 2015 年 6 月至 2018 年 12 月。统计 2013—2021 年最终累计收益的数据，创业蓝筹指数的累计收益高达 537.54%，振幅 634.52%。创成长指数的振幅 772.86%，波动最大；累计涨幅 688.90%，也居于第一。创业板指振幅 473.27%，累计收益 355.47%。创业板 50 振幅 480.12%，累计收益 371.46%，在市场单边

上涨阶段，进攻性较好，如 2013 年 1 月至 2015 年 4 月。创成长指数一定程度上结合了创业板 50 的进攻性和创业蓝筹指数的防守性。创业板指成分股数量较多，进攻性相对弱于创业板 50，防守性好于创业板 50。对历史数据的回溯显示出创业蓝筹和创成长的优势，因指数发布的时间尚短，需要保持持续的跟踪和观察。后续静待时间的检验。

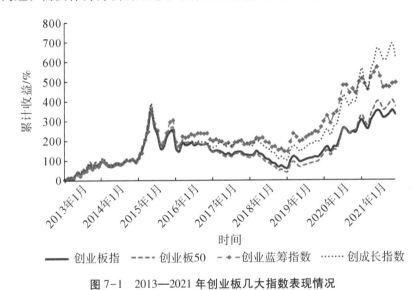

图 7-1　2013—2021 年创业板几大指数表现情况

五、其他宽基指数基金

除了前文提到的具有代表性的宽基指数外，还有一些其他的宽基指数和对应的基金产品。出于投资的完备性，这里讨论对指数进行加减或者复合，从而衍生出一些新的投资品种。

中证 800 指数由中证 500 和沪深 300 指数成份股组成，综合反映中国 A 股市场大中市值公司的股票价格表现，是一个均衡型的宽基指数。在沪深 300 成份股中剔除中证 100 指数成份股后的 200 只股票，组成中证 200 指数（见表 7-16），综合反映中国 A 股市场中大盘市值公司的股票价格表现。将中证 200 和中证 500 组合，得到中证 700 指数，综合反映中国 A 股市场一批较大型和中型市值公司的股票价格表现，目前暂无跟踪产品。中证 800 在投资者中的认可度相对较高，跟踪的产品也较为丰富（见表 7-16）。

表 7-16　中证 800 和中证 200 对应的基金产品

基金代码	基金名称	基金成立日	基金公司	备注
290010.OF	泰信中证 200	2011-06-09	泰信基金	
160806.OF	长盛同庆中证 800	2015-05-22	长盛基金	
001588.OF	天弘中证 800A	2015-07-16	天弘基金	
001589.OF	天弘中证 800C	2015-07-16	天弘基金	
515800.OF	汇添富中证 800ETF	2019-10-08	汇添富基金	
515810.OF	易方达中证 800ETF	2019-10-08	易方达基金	
007856.OF	易方达中证 800ETF 联接 A	2019-10-21	易方达基金	
007857.OF	易方达中证 800ETF 联接 C	2019-10-21	易方达基金	
515620.OF	建信中证 800ETF	2020-04-17	建信基金	
515820.OF	富国中证 800ETF	2020-05-13	富国基金	
515830.OF	工银中证 800ETF	2020-06-01	工银瑞信基金	
515610.OF	中银中证 800ETF	2020-07-16	中银基金	
009904.OF	民生加银中证 200A	2020-12-16	民生加银基金	指数增强
009905.OF	民生加银中证 200C	2020-12-16	民生加银基金	指数增强

　　单独的原中小板和创业板股票本身是没有交集的。在原中小板和创业板中选取规模和流动性综合排名前 100 的股票组成样本股，构成中小创业企业 100 指数（简称"中创 100"，代码 399612.SZ），可以反映原中小企业板和创业板重点企业的运行状况。这时的中创 100 是价格指数。与之对应的中创 100R（399611.SZ），是全收益指数，考虑了样本股的收益。华润元大曾经有中创 100ETF，因基金规模较小，于 2018 年

终止上市。目前在美国市场的 CNXT（Market Vectors ChinaAMC SME-ChiNext ETF，Market Vectors 中国中小企业板创业板 ETF）是跟踪中创100R 的 ETF，由 Market Vectors 担任基金管理人，规模约 4 000 多万美金。

▶ 第四节　蓝筹风格主动基金

最近一轮的市场全面大行情是 2013—2015 年。创业板指最高涨到 4 000 点以上，上证综指最高涨到 5 000 点以上。2016 年是个分界点。在这之前，成长的风格受到投资者的青睐。2016 年至 2018 年，蓝筹的风头一时无二。在 2017 年曾经出现过类似"蓝筹股是上涨 50，成长股是下跌 3000"的说法，更是将这一风格演绎到极致。而对于"蓝筹风格"，不同的投资者对其定义存在一定的差异。蓝筹股不完全等于大盘股，也不完全等于抛弃成长股。这是一种相对模糊的投资概念。"蓝筹"一词源于西方赌场。在西方赌场中，有三种颜色的筹码，其中蓝色筹码最为值钱，红色筹码次之，白色筹码最差。蓝筹股是指具有稳定的盈余记录，能定期分派较优厚的股息，被公认为业绩优良的公司的普通股票。

讨论蓝筹风格这一概念将耗费许多时间，本书近似地理解蓝筹风格选股注重良好的盈利与合理的估值，类似于"估值—盈利"这样的投资框架。之所以将蓝筹风格基金单独提出，是因为部分机构投资者出于中长期风险更小的考虑，习惯以此类风格的基金作为投资的底仓品种。配置蓝筹风格基金一般有两种工具，一类是本章第三节中所述的大盘蓝筹类指数基金，另一类是本节中的主动管理类基金。出于审慎的考量，在展示主动管理类蓝筹风格基金的投资工具时，遴选了在基金名称中直接包含蓝筹关键词的产品（见表7-17），在具体的投资中还需要进一步分析。对于蓝筹风格基金的筛选，可以参照主动管理基金的投资框架。

表7-17　部分蓝筹风格基金产品

证券代码	证券简称	基金成立日
161601.OF	融通新蓝筹	2002-09-13
090003.OF	大成蓝筹稳健混合	2004-06-03
020009.OF	国泰金鹏蓝筹混合	2006-09-29
160311.OF	华夏蓝筹混合A	2007-04-24
260110.OF	景顺长城精选蓝筹混合	2007-06-18
519694.OF	交银蓝筹混合	2007-08-08
550003.OF	中信保诚盛世蓝筹混合	2008-06-04
217010.OF	招商大盘蓝筹混合	2008-06-19
519066.OF	汇添富蓝筹稳健混合A	2008-07-08
166002.OF	中欧新蓝筹混合A	2008-07-25
481008.OF	工银瑞信大盘蓝筹混合	2008-08-04
398031.OF	中海蓝筹混合	2008-12-03
690001.OF	民生加银品牌蓝筹混合	2009-03-27
163809.OF	中银蓝筹混合	2010-02-11
519672.OF	银河蓝筹混合A	2010-07-16
376510.OF	上投摩根大盘蓝筹	2010-12-20
000327.OF	南方潜力新蓝筹混合A	2015-05-29
001837.OF	前海开源沪港深蓝筹混合A	2015-12-08
519196.OF	万家新兴蓝筹混合	2016-01-26
004237.OF	中欧新蓝筹混合C	2017-01-12
002694.OF	中银新蓝筹混合	2017-05-15
002620.OF	中邮未来新蓝筹混合	2017-08-04
005827.OF	易方达蓝筹精选混合	2018-09-05
007455.OF	富国蓝筹精选人民币	2019-08-02
009240.OF	泰康蓝筹优势	2020-08-14

▷第五节　红利与股息策略基金

　　无风险收益、企业盈利和风险偏好是驱动股票价格上涨的"三驾马车"。红利或股息策略，在构建股票组合时看重上市公司盈利，是机构投资者进行中长期配置的重要选择。红利或股息策略，是按照一定标准买入一篮子高分红的股票形成投资组合，并根据分红变化进行调仓换股的投资策略。而红利或股息策略基金，便是根据这类策略进行投资的基金。目前国内红利或股息策略基金以指数基金为主，且大多以红利命名。分红或股息可以作为一定的安全垫，该类策略基金从理论而言其下行风险更小。因为如果公司的分红总金额不变，股价下跌则使得公司的股息率变高，投资的吸引力加大导致偏好相关公司的资金买入，从而减缓了下跌空间。

　　从红利指数的版图看，主要是上证红利（000015.SH）、深证红利（399324.SZ）、中证红利（000922.CSI）和标普A股红利（CSPSADRP.CI）。前三只红利指数由国内的中证指数有限公司发布。上证红利和深证红利都是单市场的指数，中证红利和标普A股红利包含沪深两市。

　　尽管很多策略或基金的名称都以红利命名，红利或股息率策略作为笼统的说法，在投资实战中关于策略的细节需要厘清。一种策略以股息率高低进行选股。股息率指公司分红额占市值大小，是一个比率。如上证红利指数和中证红利指数，便是以此策略为主，看重的是股息率。另一种策略以分红额高低进行选股，分红额指公司的分红金额。深证红利指数以股票前三年累计分红金额占深圳证券交易所上市公司分红金额的比重作为选股指标，看重的是分红额。

上证红利指数挑选在上交所上市的现金股息率高、分红比较稳定、具有一定规模及流动性的 50 只股票作为样本，以反映上海证券市场高红利股票的整体状况和走势。银行、交通运输和煤炭行业的占比较高（见图 7-2）。目前跟踪指数的基金是华泰柏瑞上证红利 ETF（510880.OF），成立于 2006 年 11 月 17 日，是国内公募基金最早的一只红利指数基金。该产品对应的 ETF 联接基金于 2021 年 11 月成立。

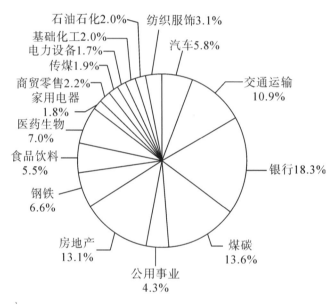

图 7-2　上证红利指数的行业分布（截至 2021 年 12 月 31 日）

深证红利指数由深圳证券交易所具有稳定分红历史、较高分红比例且流动性较有保证的 40 只股票组成。食品饮料、家用电器和房地产行业的占比较高（见图 7-3）。目前跟踪指数的代表基金是工银瑞信深证红利 ETF（159905.OF），成立于 2010 年 11 月 5 日，下设 ETF 联接 A（481012.OF）和 ETF 联接 C（006724.OF），便于场外申购赎回。

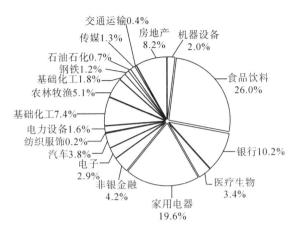

图 7-3 深证红利指数的行业分布（截至 2021 年 12 月 31 日）

中证红利指数以沪深两市 A 股中现金股息率高、分红比较稳定、具有一定规模及流动性的 100 只股票为成分股，采用股息率作为权重分配依据，反映 A 股市场高红利股票的整体表现。房地产、煤炭、银行和汽车行业的占比较高（见图 7-4）。目前跟踪指数的基金既有 ETF 产品便于场内交易，也有场外指数基金可以申购赎回。此外，还有富国基金公司的富国中证红利指数增强 A （100032.OF），是目前国内公募基金中最早的中证红利指数增强基金产品（见表 7-18），近年来取得了稳健的超额回报。

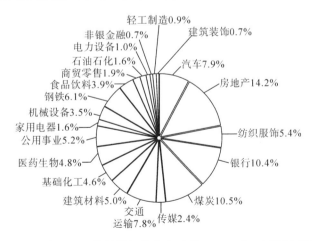

图 7-4 中证红利指数的行业分布（截至 2021 年 12 月 31 日）

表 7-18　中证红利指数的跟踪基金产品

证券代码	证券简称	基金成立日	跟踪指数	备注
100032.OF	富国中证红利指数增强 A	2008-11-20	中证红利指数	指数增强
090010.OF	大成中证红利 A	2010-02-02	中证红利指数	
161907.OF	万家中证红利	2011-03-17	中证红利指数	
007801.OF	大成中证红利 C	2019-08-02	中证红利指数	
007671.OF	建信中证红利潜力指数 A	2019-09-11	中证红利潜力指数	
007672.OF	建信中证红利潜力指数 C	2019-09-11	中证红利潜力指数	
515180.OF	易方达中证红利 ETF	2019-11-26	中证红利指数	
515080.OF	招商中证红利 ETF	2019-11-28	中证红利指数	
008114.OF	天弘中证红利低波动 100A	2019-12-10	中证红利低波动 100 指数	
008115.OF	天弘中证红利低波动 100C	2019-12-10	中证红利低波动 100 指数	
515570.OF	山西证券中证红利潜力 ETF	2020-01-17	中证红利潜力指数	
008682.OF	富国中证红利指数增强 C	2020-03-10	中证红利指数	指数增强
515890.OF	博时中证红利 ETF	2020-03-20	中证红利指数	
515100.OF	景顺长城中证红利低波动 100ETF	2020-05-22	中证红利低波动 100 指数	
009051.OF	易方达中证红利 ETF 联接 A	2020-07-08	中证红利指数	
009052.OF	易方达中证红利 ETF 联接 C	2020-07-08	中证红利指数	

　　标普中国 A 股红利机会指数简称"标普 A 股红利指数"，由国际知
名的标准普尔（Standard & Poor's）公司发布，成分股数量 100 只，跟
踪在中国大陆上市的高红利普通股。与前述三只红利指数偏重大盘股且
以市值加权的编制方式不同，标普 A 股红利指数以股息率加权，同时
设置了个股权重上限（3%）和行业权重上限（33%）从而使得指数覆
盖的个股和行业相对分散（见图 7-5）。因此，标普 A 股红利指数的中
小盘属性相对更强。

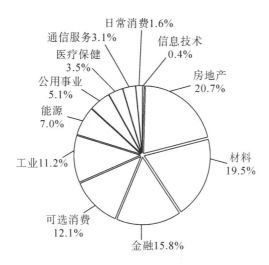

图 7-5　标普 A 股红利指数的行业分布（截至 2021 年 4 月 30 日）

标普 A 股红利指数中房地产、材料、金融、可选消费、工业的权重相对较高。跟踪该指数的基金产品是华宝标普中国 A 股红利机会 A（501029.OF），成立于 2017 年 1 月 18 日，其作为 LOF 基金，场内简称红利基金（501029.SH）。2017 年 8 月 28 日，基金增设 C 份额华宝标普中国 A 股红利机会 C（005125.OF）。

整体而言，从近年来的数据看（见表 7-19 和表 7-20），上证红利指数的波动更小，深证红利指数的弹性更大，中证红利指数居两者之间。标普 A 股红利指数的均衡性更好。

表 7-19　红利指数特征（收益率）

类别	年收益率/%											
	2010年	2011年	2012年	2013年	2014年	2015年	2016年	2017年	2018年	2019年	2020年	2021年
上证红利	-22.41	-18.47	7.06	-11.78	51.52	9.31	-7.57	16.31	-16.96	10.67	-5.69	7.62
深证红利	-5.53	-31.48	4.00	-5.66	52.53	14.44	-6.61	46.80	-27.72	57.34	32.38	-14.37
中证红利	-13.28	-23.57	7.06	-10.15	51.68	26.86	-7.64	17.57	-19.24	15.73	3.49	13.37
标普 A 股红利	2.64	-22.25	6.46	5.36	52.99	33.97	-7.15	9.69	-24.54	15.69	1.26	16.95

表 7-20　红利指数特征（振幅）

类别	年振幅/%											
	2010年	2011年	2012年	2013年	2014年	2015年	2016年	2017年	2018年	2019年	2020年	2021年
上证红利	33.23	32.69	23.01	35.58	61.55	76.17	22.77	21.48	30.61	27.38	18.98	33.74
深证红利	36.72	40.73	30.19	31.82	65.59	64.83	28.11	57.58	45.47	59.88	51.50	39.79
中证红利	33.56	35.73	25.25	34.24	60.34	87.43	24.25	23.72	33.90	35.95	25.40	30.35
标普 A 股红利	35.27	30.97	24.23	20.76	60.64	102.01	25.01	13.94	37.17	41.46	22.06	23.21

　　随着策略的不断变化，在传统红利指数的基础上，许多新的 Smart Beta 策略指数和相应的跟踪基金出现了，主要通过调整组合中不同资产的加权方式，突出质量、价值、波动等不同因子的作用，从而希望获得超出原有 Beta 的收益。前文提到不同指数的波动各异，投资者希望投资组合的分红水平高且承担的波动率低。于是乎红利低波的策略被开发出来，并成立了相应的基金产品。上证红利低波动指数（H50040.CSI）有兴业上证红利低波动 ETF（510890.OF）跟踪。中证红利低波指数（H30269.CSI）有华泰柏瑞红利低波动 ETF（512890.OF）及联接基金、创金合信红利低波动 A（005561.OF）、创金合信红利低波动 C（005562.OF）等跟踪。

投资笔记

　　无风险收益、企业盈利和风险偏好是驱动股票价格上涨的"三驾马车"。

　　市值风格、行业配置、主题选择是机构投资者配置基金获取 A 股市场投资收益的重要来源。市值风格关乎大小，行业配置需要深耕，主题选择纵横交错。

　　市值风格，体现为 A 股市场大小盘股特征。A 股市场的大小盘风格特征，表现为大盘股和中小盘股的收益分化，而这样的分化往往持续时间较长。

追求大盘收益的投资者，可以通过配置相关指数基金实现一键买入大盘。配置大盘蓝筹指数基金相对大盘指数本身，能够具备一定的超额收益。

红利或股息策略，在构建股票组合时看重上市公司盈利，是机构投资者进行中长期配置的重要选择。

第八章

行业视角：潮起潮落何时了

证券市场具有高波动的特征。市场长期方向依赖于行业大趋势和企业主动创造价值的能力。企业对价值的创造受到其本身所属行业的运行规律的约束。不同行业具有自己的周期。一般来说，小资金可以依靠对个股的研究获利。对于机构资金而言，行业研究的重要性往往超过对单一公司的研究。相对行业而言，个股在资金容量和流动性上受到限制。**如果希望长期获得超额收益，对行业的特征和内在规律的深刻洞见就显得至关重要。**一方面，行业相对个股资金容量可以更大；另一方面，感知行业的景气度和周期所处位置，也有利于捕捉细分领域的投资机会。因此，机构投资者常常十分重视对于行业投资机会的把握。

大小盘指数表征市场整体的系统性风险和收益，而行业主题基金投资于特定领域，市场特征鲜明，成为机构投资者重要的武器库。市场上有很多报告对行业基本面进行了深入研究。基于实战角度考虑，我们对行业的切入点在于市场特征，就主流的行业投资框架做简单介绍，更加注重行业主题基金的投资逻辑。

国内很多机构投资者采用沪深 300 指数作为业绩比较基准。沪深 300 指数是 A 股市场核心蓝筹的代表。而国证 A 股指数的样本股为在深圳证券交易所、上海证券交易所上市的除 ST、*ST 股票外的所有 A 股，反映中国 A 股市场股票价格的总体变动趋势。为了更好地观察行业在整体 A 股市场中的情况，我们选取国证 A 股指数作为业绩比较基准。分拆行业在市场占比时，主要采用申万行业分类标准。国证 A 指采用自由流通市值加权。后文为了更加直观的展示各行业的市值情况，市值口径采用总市值；但行业权重依然采用自由流通市值计算，以便与指数标准一致。本章给出了相应的图表和代码供投资者了解相关信息，力求体系完备，如无特别说明，数据截至 2021 年 12 月 31 日。

▷第一节　行业投资研究框架

　　投资驱动研究，研究创造价值。机构投资基金需要和投资股票的基金经理拥有共同的话语体系，而行业投资分析无疑是一座沟通的桥梁。**行业研究的目的是搞清楚行业的本质，判断其是否属于一个好行业。一是行业空间是否足够大。**好行业要么成长性好、未来空间足够大，要么当前空间足够大。**二是行业是否容易赚钱。**好行业体现为壁垒较高，先发优势强。**三是行业中谁最有定价权。**这需要研究产业链中各个环节的利润分配，确定哪个环节话语权最强。行业研究是为投资输送"弹药"的，通过行业研究解决投资的前置问题，是否值得投资，如何投资，以及投资多少。赚钱的方法很多，机构投资者一般先有深度研究，再有投资价值研究，基于对行业的深度研究可系统性提高赚钱概率，是一种可持续的赚钱模式，而脱离行业基本面的股价波动并不属于主流机构擅长把握的投资机会。

　　行业越大，成长性越好，行业内的公司成长空间越大，越容易出大市值的公司，从而投资成功的概率更大。反之，一个行业如果很小，即便龙头公司份额再高，只要不具备持续提价能力，公司的成长空间始终有限。当前行业较小，但成长性好的行业，需要高度重视。这样的行业属于优质成长股的摇篮，投资这类行业是顺水推舟、事半功倍。当前已经是大容量的行业，其需求确定，其中具备核心竞争力的公司，大概率可以持续扩大市场份额，从而成长为大公司。

　　行业研究的重点是需求和供给。传统行业看供给，新兴行业看需求。

　　行业的需求分析主要是研究行业空间问题。**一是看行业的产品或服务满足什么样的需求，这种需求的持续性或周期性如何。**基础需求的特点比较明确，较为稳定，生命周期较长。例如水、电、猪肉等。这类重点是对渗透率的估算，考虑地域、消费习惯（广义）等因素。可选消费需求或新兴行业需求的弹性较大，可以从消费升级上做文章，但是不同品类的确定性不同，需要搞清楚产品的本质。举例而言，白酒的本质是社交工具；小家电属于新供给创造的新需求，要深入了解其定位，以及营销是否符合这种定位。特别要避免把昙花一现的品类混淆定义为中长期的方向，例如潮牌、时尚品。消耗类产品周期性弱，工具类产品周期性强。比如，酱油、体外诊断试剂属于高频消耗品，周期性较弱；重型机械如挖掘机属于低频次的工具类产品，周期性较强。**二是分析驱动需求量增长的核心要素。**搞清增长背后的驱动因素，是把握行业未来方向的最重要支撑。这需要区分因果性和相关性，在区分过程中，逻辑和数据同等重要。例如，天气热是导致用电量增加和冷饮消费增加的原因，但是用电量和冷饮消费之间并无因果性，只有相关性。如果因为限电导致用电量下降，并不能说明冷饮消费也会下降。**三是定量估计市场容量，进行量价拆分。**市场容量是量价的乘积，量是满足需求的，价是行业特性，比如壁垒、定价方式等决定的。这方面可以通过 Wind、上市公司历史财报、招股说明书、第三方咨询机构等多方面获得数据对比验证。优选量价齐升的行业，因为其成长空间大，定价能力强；其次选平价放量的行业；再次选量稳价增的行业，可以是抗通胀的成熟行业；然后选量增价跌的行业，即无壁垒的成长行业，虽然其最终的价值可能较低，但其具备阶段参与价值；最后选量价齐跌的行业，也就是夕阳行业。

　　行业的供给分析主要是研究行业盈利能力问题，进一步厘清行业竞争格局和产业链的价值分配情况。供给分析常用的工具可以借助波特五力模型，如图8-1所示。行业竞争格局需要明晰参与竞争的有多少玩家，以及主要的玩家各自的份额如何，即看集中度（concentration rate，CR）指标，判断集中度是分散还是只有少数人参与。尤其是注意份额的发化，高度关注份额提升的公司。壁垒也是竞争的关键要素，这个行业中哪些要素对于竞争结果的影响最大，壁垒在很大程度上影响竞争格局，从而影响定价模式，造成各个行业的盈利能力不同。消费品重点分析品牌和渠道，转换成本较高的产品重点分析试错成本，同质化工业品重点分析成本，互联网重点分析网络用户数量、规模等。健康可持续扩张的产业链是每个环节都赚钱，促进正向循环，其中有定价权的将获得利润的最大头。此外，需要关注替代品对于现有业务的威胁。尤其要重点分析技术进步快、变化多的行业，例如，智能手机对传统手机的颠覆，零售百货、连锁商超、电商的逐级颠覆。优先选择变化慢、难以被替代的行业，这类投资的可靠性更强。相反，变化快的行业，可靠性弱。

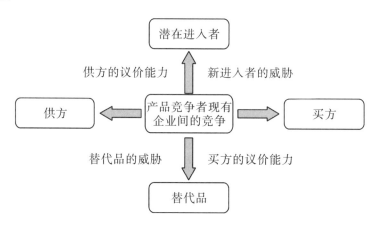

图 8-1　行业研究的波特五力模型

在进行了行业需求分析和供给分析后，还需要对行业做进一步的比较研究，这涉及财务分析和市场特征分析。波特五力模型是定性分析（见图8-1），杜邦分析是定量分析，两者相辅相成。核心是看财务报表是否能够支撑定性的判断，最终判断净资产收益率（return on equity，ROE）能否持续，行业商业模式与杜邦分析的结果是否匹配。对资产收益率发生的变动进行解释和分析，看是由于净利率和周转率的变化，还是归咎于杠杆率的变化。市场特征分析的着眼点在于行业的一致性和异质性。这是行业主题基金投资的重要逻辑。如果一个行业整体市场表现为中长期上行，细分领域超额收益相差较小，即呈现"一致性"，那么投资该行业的主题基金赚钱的概率较大，可以适当淡化细分基金品种的选择。如果一个行业麻雀虽小五脏俱全，细分行业较多且市场表现涨跌不一致，即呈现"异质性"，那么投资该行业的主题基金需要下沉，通常需要优选主动管理型基金产品以便获得超额收益。概括来说，"一致性"行业确保指数收益，"异质性"行业重视主动管理。

▶第二节　金融地产

一、行业概况

金融业在国民经济中地位十分重要，关系经济发展和社会稳定。房地产业作为支柱行业，与金融息息相关。许多机构投资者在进行行业划分的时候，将金融和地产合并为投资范畴，有时候也简称为"大金融"。截至 2021 年 12 月 31 日，金融业作为 A 股的中流砥柱，总市值超过 165 000 亿元，占市场比重为 12.82%。细分来看，银行占比 6.29%；非银金融主要包含证券、保险和其他金融，占比 6.51%；房地产总市值 17 672 亿元，占市场比重为 2.01%。金融地产合并占 A 股市场的比重大于 14%，重要性不言而喻。

自 2012 年 1 月 1 日至 2021 年 12 月 31 日的 10 年时间中（见图 8-2），银行指数涨幅为 74.49%，房地产指数涨幅为 58.22%，国证 A 指涨幅为 171.41%。银行的振幅相对更小，房地产无超额收益。

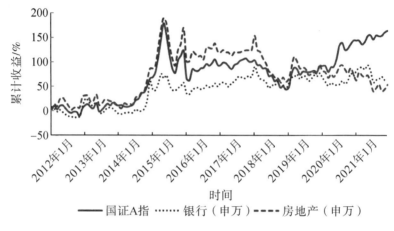

图 8-2　银行、房地产指数与国证 A 指走势对比

二、行业投资逻辑

影响金融地产行业投资逻辑的最大变量来自政策定力和跨周期调节的时间久期。行业盈利能力不仅受经济景气周期影响，还因监管政策变化而直接变动。在分析金融地产行业的景气度时，既要识别宏观经济顺周期的位置，也要识别监管逆周期的趋势，采用不同分析视角看待长期景气和短周期波动对股价的干扰。

金融地产盈利的波动和宏观性较强，市场选择了以平均市净率（price/book value，PB）为主的行业估值方法。出于对高杠杆经营模式或其他担忧，这一估值方法给予了较高的折现率导致行业整体呈现低估值的特征。从行业投资角度来看，向下的安全边际往往有效，向上按景气投资需考虑稳态净资产收益率。传统企业能从实业经营角度分析财务指标波动的合理性，但这一分析方法对金融企业效用较低。例如，银行资产质量、保险内含价值，对内部人是一个世界，对外部人类似于"黑箱"。正是由于金融地产行业与宏观经济紧密关联体现出强贝塔特征，研究透彻的难度不低，因此机构投资者选择了更为简单的自有话语体系和定价方式进行投资。我国金融业的发展进程有快有慢，隐含国家信用，在市净率—净资产收益率（PB-ROE）估值框架下，结合国际比较锚定估值。以美股标普 500 金融指数和沪深 300 金融指数为例，历史数据显示两者的估值差异逐渐缩小。当行业趋近估值底部时属于买点，对板块进行波段操作，长期持有行业龙头，研究员跟踪业绩弹性个股。

从历史经验来看，大金融行业的股价表现关联性较强，行业呈现一定的工具化特征，但机构出于对相对收益的追逐，往往会在保收益的时候卖出其他板块买入金融地产。金融指数获得明显超额收益时，个股表现分化明显。银行与保险的超额收益时段多有重合，券商则可能出现独立行情，地产的表现往往跟随政策。一般而言，在稳增长期间，以金融地产为代表的大金融板块容易有阶段性表现。

银行业需要关注中长期时间维度的宏观经济。银行资产质量是基本面核心，而贷款周期要远高于报表上的时间，所以更要关注中长期的问题。银行股和周期股的核心驱动都是宏观经济，但银行需要观察更长时间的宏观经济，所以银行股源于周期，弹性弱于周期。银行资产质量更在乎的是经济不要太差，以及企业有能力归还贷款利息。因此，经济明显向上时对银行股利好，但幅度比不上其他周期股；经济平稳，保持 L 型，其他周期股有压力，但银行基本面保持稳定。银行股的投资逻辑一般遵循"宏观经济周期→信用环境改善→企业资金流回暖→流动性风险缓解→资产质量稳健→银行估值修复"的路线。

证券业的周期和股市的牛熊表现高度相关。受政策变化和监管态势影响，相对收益一般来自牛市初期和金融监管边际利好期。证券业的传统轻资产业务受到价格竞争的困扰，佣金率持续下降，开始逐渐转向重资产业务。重资产业务主要是自营、资本中介、直接投资、做市商等，体现在利润表上则是收入结构多元化，但会导致其净资产收益率和估值持续下降。转型财富管理是许多券商通过轻资产提升盈利水平的方向。此外，部分券商持有基金公司的股权，可以获得估值重估。总体而言，券商股的投资逻辑比较直接，市场景气度驱动排序靠前。从行业趋势来看，长期行业集中度持续提升。龙头公司向下可以按类价值股的方法寻找估值底部，向上提升估值中枢需要商业模式的进化。

保险股看两端——资产端和负债端。资产端看利率，利率上行，收益上行；负债端受疫情冲击较大，低收入的客户群体偏多，影响较大，未来需要等待数据验证。从历史经验来看，最好的情况是有股票大牛市。其次的情况是没有大牛市，但有明确利率上升趋势。再次是以上情况都没有，估值在低位，但如果保费卖得好，可以提升估值，或表现为抵抗式下跌也可以。最差的情况是市场没起色，保费又有压力，那就与大盘价值股一起跟随市场波动。

三、基金投资要点

全市场选股的主动管理型基金对金融地产的偏好不高，大部分时间处于低配状态。配置金融地产类的基金主要可以通过指数型基金来把握。

经过近些年的发展，市场上追踪金融地产类的指数基金数量众多。有把金融地产合并列入投资范围的，也有单一的金融或者房地产行业基金，金融行业的指数基金又有细分的银行、证券、保险等类别。

表 8-1 列示了将金融地产合并列入投资范围的部分指数基金品种，

供读者参考。其余的指数基金品种与房地产的类似，比如，金融行业及其细分的银行、证券、保险等类别的基金产品，读者可以在 Wind、天天基金、蚂蚁财富、各家基金公司官方网站或 APP 等渠道输入关键词查询，获取相关信息。

表 8-1　金融地产综合类指数基金示例

证券代码	证券简称	基金成立日	基准指数
510650.OF	华夏上证金融地产 ETF	2013-03-28	上证金融地产行业指数
159931.OF	汇添富中证金融地产 ETF	2013-08-23	中证金融地产指数
159933.OF	国投瑞银沪深 300 金融地产 ETF	2013-09-17	沪深 300 金融地产指数
161211.OF	国投瑞银沪深 300 金融地产 ETF 联接	2013-11-05	沪深 300 金融地产指数
512640.OF	嘉实中证金融地产 ETF	2014-06-20	中证金融地产指数
159940.OF	广发中证全指金融地产 ETF	2015-03-23	中证全指金融地产指数
160814.OF	长盛中证金融地产	2015-06-16	中证金融地产指数
001469.OF	广发中证全指金融地产 ETF 联接 A	2015-07-09	中证全指金融地产指数
001539.OF	嘉实中证金融地产 ETF 联接 A	2015-08-06	中证金融地产指数
002979.OF	广发中证全指金融地产 ETF 联接 C	2016-07-06	中证全指金融地产指数
005999.OF	嘉实中证金融地产 ETF 联接 C	2018-06-15	中证金融地产指数

目前跟踪金融地产指数的基金规模超过 3 亿的主要有两只 ETF。这两只基金除有可以场内投资的 ETF 份额外，也有联接基金供场外申购赎回。

广发中证全指金融地产 ETF（159940.OF）跟踪中证全指金融地产指数（代码 000992），是从中证全指样本股金融地产行业内选择的流动性和市场代表性较好的股票构成指数样本股，以反映沪深两市金融地产行业内公司股票的整体表现。截至 2021 年年底，中证全指金融地产指数的成分股数量有 163 只，银行权重为 42.19%，非银金融权重为 45.43%，房地产权重为 11.70%。金融方面的属性明显。

国投瑞银沪深 300 金融地产 ETF（159933.OF）跟踪沪深 300 金融地产指数（代码 000914），由沪深 300 指数样本股中的金融地产行业股票组成，以反映该行业公司股票的整体表现。截至 2021 年年底，沪深 300 金融地产指数的成分股数量有 61 只，银行权重为 47.31%，非银金融权重为 44.67%，房地产权重为 8.02%。

金融类指数基金和地产类指数基金分别以投资金融和房地产为主，投资方向更为精确。银行类指数基金数量较多，分类以 ETF 及其联接基金为主。银行类指数普遍跟踪中证银行指数（代码 399986），选取中证全指样本股中至多 50 只银行业股票组成，以反映该行业股票的整体表现。截至 2021 年年底成分股数量 40 只。非银行类指数主要分布在证券保险领域。作为当前唯一的保险主题投资基金，方正富邦中证保险（167301.OF）规模超过 50 亿元。其跟踪保险主题（代码 399809），从保险行业与参股保险类上市公司中选取 20 只股票作为样本股，反映保险主题上市公司的整体表现。因此，除了保险权重占比 79.54% 外，其他行业占比 20.46%。

金融地产类上市公司行业联动性强，选股的决定性因素相对小于其他行业。因此，相对指数型基金而言，主动管理型基金的数量较少（见表 8-2）。从历史数据来看，这类基金体现出先发优势，最早成立的产品规模相对更大，与基准指数相比拥有明显的超额收益，业绩也更为稳定。

表 8-2　金融地产主动管理型基金示例

证券代码	证券简称	基金成立日	主要业绩基准
000251.OF	工银瑞信金融地产混合 A	2013-08-26	沪深 300 金融地产行业指数
001392.OF	国富金融地产混合 A	2015-06-09	沪深 300 金融地产指数
001393.OF	国富金融地产混合 C	2015-06-09	沪深 300 金融地产指数
003232.OF	创金合信金融地产 A	2016-08-30	中证金融地产指数
003233.OF	创金合信金融地产 C	2016-08-30	中证金融地产指数
004871.OF	中银金融地产混合 A	2017-09-28	中证金融地产指数
005576.OF	华泰柏瑞新金融地产混合	2018-03-08	沪深 300 金融地产行业指数

表8-2(续)

证券代码	证券简称	基金成立日	主要业绩基准
005937.OF	工银瑞信精选金融地产混合 A	2018-11-14	沪深 300 金融地产行业指数
005938.OF	工银瑞信精选金融地产混合 C	2018-11-14	沪深 300 金融地产行业指数
006652.OF	富国金融地产行业混合 A	2018-12-27	中证金融地产行业指数
010312.OF	中银金融地产混合 C	2020-10-16	中证金融地产指数
010696.OF	工银瑞信金融地产混合 C	2020-11-23	沪深 300 金融地产行业指数
011124.OF	富国金融地产行业混合 C	2020-12-29	中证金融地产行业指数

注：主动型品种的业绩比较基准一般有多项，每一项分配固定的权重。本书选取业绩比较基准中的第一项作为主要业绩基准，一般来说也是占比最大的一项。

工银瑞信金融地产 A（000251.OF）作为该板块最早成立的主动管理型基金，先发优势明显，2021 年年底规模超过 65 亿元，远超同类基金。目前基金由成立时的两位元老基金经理王经理和鄢经理掌舵。该基金 2014 年以 102.49% 的业绩位居偏股混合型基金的榜首，2019 年、2021 年年底业绩居于金融地产类主动管理型基金前列。在积累了沪深两地金融地产主动投资的经验后，2018 年 11 月由相同基金经理挂帅，成立了工银瑞信精选金融地产 A/C，将投资范围扩展到内地与香港股票市场，实现沪深港三地的金融地产股投资一体化。

此外，2018 年还成立了另外两只主动管理类的金融地产基金。一是华泰柏瑞新金融地产（005576.OF），其规模为 0.38 亿元。相比于工银瑞信金融地产 60% 的股票仓位下限，其股票资产的投资比例占基金资产的范围为 0~95%，仓位更为灵活；同时可以投资港股通标的股票。二是富国金融地产行业（006652.OF），投资范围包括沪深港三地，股票仓位下限 60%。该基金 2019—2021 年的投资回报率为 40.81%，基金经理吴经理曾担任兴业证券的银行组组长，任职的另一只基金——富国价值驱动 A（005472.OF）2019—2021 年的业绩为 241.68%，股票资产的投资比例占基金资产的范围为 0~95%，仓位更为灵活。

▷第三节　大消费

一、行业概况

消费与日常生活联系紧密，因此消费行业牛股辈出。无论是贵州茅台，还是恒瑞医药，都有十倍股价的优良战绩。消费行业覆盖范围较广，大类来看包括必须消费（也叫主要消费）、可选消费和其他消费等。许多机构投资者在进行行业划分的时候，将食品饮料、家电、医药、汽车、纺织服装、商贸零售（商业贸易）和社会服务（餐饮旅游）等合并称为大消费。截至 2021 年 12 月 31 日，大消费总市值超过250 000 亿元，占市场比重为 28.85%，属于大块头的行业。细分来看，日常消费占市场比重为 10.45%，可选消费占市场比重为 9.57%，医疗保健占市场比重为 8.83%。

自 2012 年 1 月 1 日到 2021 年 12 月 31 日的 10 年时间中，主要消费指数涨幅为 277.91%，可选消费指数涨幅为 92.85%，国证 A 指涨幅为171.41%。主要消费的超额收益明显（见图 8-3）。

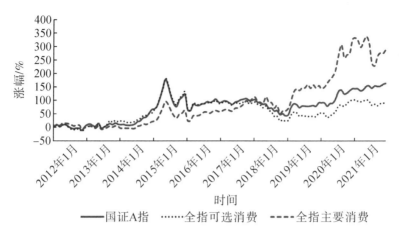

图 8-3　全指主要消费、全指可选消费与国证 A 指走势对比图

二、行业投资逻辑

消费行业是长牛板块，大部分时间都能跑赢 A 股市场平均涨幅。消费品公司股价驱动因素在于业绩。

消费行业需求端的行业空间保障了消费品公司收入端的稳健增长。消费行业终端需求决策的自主性、需求释放的稳健性以及产品本身较慢的技术进步等特性，决定了消费行业的空间可测性强于其他行业，因为其他干扰因素相对较少，从而使得行业空间即赛道在企业发展中的重要性更加明显。中长期成长空间确定的行业在短周期波动是较好的布局时机。一方面需要注重把握行业结构性的需求增长空间，例如高端白酒、高端白色家电①。另一方面需要把握新兴需求爆发的拐点，例如扫地机器人、新能源汽车。此外，注重产业链投资的思维，需求爆发时往往充满产业链的投资机会。

---

① 白色家电指可以替代人们家务劳动的电器产品，主要包括洗衣机、部分厨房电器，以及改善生活环境、提高物质生活水平的家电（如空调等）。

　　消费行业供给端的竞争格局保障了消费品公司盈利能力的维持甚至持续提升。很多时候消费品盈利能力提升的背后逻辑是竞争格局的优化，而竞争格局优化很多时候在微观层面的体现则是集中度提升的结果。成本端、价格端的分析都要结合竞争格局的分析。消费品的集中度与渠道结构、使用属性、标准化程度、价格带宽窄等都有关。投资时需要关注稳态竞争格局被打破的可能，如大的技术变革、盈利模式创新等。龙头公司在品牌、渠道、规模、技术等多方面构筑了较宽的护城河。投资消费行业需要做好产业链价值分析，很多时候产业链的核心价值在哪里，顶级公司的护城河就在哪里。例如白色家电的本质壁垒是制造和成本，而家居、服饰的壁垒是零售渠道。

　　消费品投资慢就是快，挣的是业绩增长的钱。**消费品投资可以从产品、品牌、渠道三个维度进行考虑。**

　　产品维度包括四个方面。第一，了解产品到底解决了消费者什么样的底层需求。第二，消费场景。不同消费品的消费场景其实是很不一样的。第三，产品的生命周期。不同消费品产品生命周期有很大差异。有些产品的生命周期很短，例如，小家电是以季度为一个产品的生命周期。有的产品生命周期很长，例如瓜子、白酒。不同的产品生命周期在做盈利预测的过程中会有很大的差异。第四，竞品差异性研究。这关系到产品的用户粘性，差异化难以替代的产品更可能具有长期的投资价值。

　　品牌是消费品公司的重要护城河。消费品品牌尤其是高端品牌的建立是一个长期而又艰巨的过程，但一旦建立，就较难打破。好的品牌往往能够获得消费者的强烈认同，这种品牌的辨识度和忠诚度非常高。例如，白酒中茅台因其品牌属性具有极难颠覆的地位。品牌认同的好处在于盈利和自身成长是相对确定的，盈利的稳定性和持续性较强。

　　渠道维度注重三个方面的考察。第一，渠道的推力。单点的盈利模型和渠道盈利空间不同，会带来产品渠道推力之间的差异。第二，渠道组织能力。要分析营销人员、市场人员的组织能力和战斗力。第三，渠道延展力。这指的是空白市场的应对能力，这容易给公司带来新的利润增长点。作为渠道延展力的典型案例，中顺洁柔公司在 2015 年有很大的一个空白市场，新的管理层上任后在空白市场渠道铺货，把握住了扩张的机会。线下时代，自建渠道、线下价值链的分配与掌控力极其重要。线上时代，渠道成本下降，竞争格局发生变化，消费公司的应对核心是信息化，减少渠道层级，以消费者为核心重构组织模式，提高渠道效率。

此外，**技术创新较慢、盈利模式变革越少的消费品行业是中长期投资的好行业**。龙头公司凭借产业链较强的控制能力，容易构筑较高的生产和成本壁垒。从规模效应来看，标准化产品具有极强的规模效应，可以带来成本领先的优势。就公司治理而言，大股东、管理层、员工、流通股东的利益是否一致，影响投资者能否陪伴优秀的公司和管理层共同成长。

消费行业的估值方法与产业周期、公司发展所处阶段、公司商业模式、公司竞争地位、公司治理结构等相关。估值的方法实质上是对公司基本面趋势、竞争优势等的理解。市场资金属性变化、预期回报率变化、无风险利率变化等都会影响消费品估值。短期价格的影响因素较多，但长期价值的本质是现金流贴现。机构投资者通常在设定合理的预期收益率后，对买入的价格进行动态调整。

三、基金投资要点

主动管理型基金对消费行业的偏好较高，经常处于超配状态。配置消费类的基金既可以通过指数型基金来把握市场平均收益，亦可以通过主动管理型基金获取市场超额收益。

追踪消费行业的指数基金数量较多，大体可以分为两类：一是综合性的消费主题指数，如大消费、主要消费和可选消费等；二是细分行业指数，如食品饮料、医药等。医药作为消费子板块中的具有异质性的大行业，在基金投资时需要单独应对。

（一）泛消费行业基金投资

如表8-4所示，目前跟踪消费主题指数的代表基金主要是ETF。其中部分基金除有可以场内投资的ETF外，也有联接基金供场外申购赎回。主要消费的防御性好，可选消费对经济的敏感度高。

表8-4 消费类综合指数基金示例

证券代码	证券简称	基金成立日	主要业绩基准
217017.OF	招商上证消费80ETF联接A	2010-12-08	上证消费80指数
510150.OF	招商上证消费80ETF	2010-12-08	上证消费80指数
370023.OF	上投摩根中证消费	2012-09-25	中证消费服务领先指数
510630.OF	华夏上证主要消费ETF	2013-03-28	上证主要消费行业指数
159928.OF	汇添富中证主要消费ETF	2013-08-23	中证主要消费指数
159936.OF	广发中证全指可选消费ETF	2014-06-03	中证全指可选消费指数
512600.OF	嘉实中证主要消费ETF	2014-06-13	中证主要消费指数
000248.OF	汇添富中证主要消费ETF联接A	2015-03-24	中证主要消费指数
001133.OF	广发中证全指可选消费ETF联接A	2015-04-15	中证全指可选消费指数
002977.OF	广发中证全指可选消费ETF联接C	2016-07-06	中证全指可选消费指数
004407.OF	招商上证消费80ETF联接C	2017-03-01	上证消费80指数
006712.OF	前海开源MSCI中国A股消费A	2019-01-17	MSCI中国A股消费指数
006713.OF	前海开源MSCI中国A股消费C	2019-01-17	MSCI中国A股消费指数
515650.OF	富国中证消费50ETF	2019-10-14	中证消费50指数
501089.OF	方正富邦消费红利	2019-11-29	中证主要消费红利指数
159986.OF	弘毅远方国证消费100ETF	2019-12-19	国证消费100指数
501090.OF	华宝中证消费龙头A	2019-12-19	中证消费龙头指数

表8-4（续）

证券代码	证券简称	基金成立日	主要业绩基准
008975.OF	富国中证消费50ETF联接A	2020-03-18	中证消费50指数
008976.OF	富国中证消费50ETF联接C	2020-03-18	中证消费50指数
009329.OF	华宝中证消费龙头C	2020-04-17	中证消费龙头指数
009179.OF	嘉实中证主要消费ETF联接A	2020-04-22	中证主要消费指数
009180.OF	嘉实中证主要消费ETF联接C	2020-04-22	中证主要消费指数
010771.OF	天弘国证消费100指数增强A	2020-12-30	国证消费100指数
010772.OF	天弘国证消费100指数增强C	2020-12-30	国证消费100指数
515920.OF	博时智能消费ETF	2020-12-30	中证智能消费主题指数

招商上证消费80ETF（510150.OF）成立时间最早，跟踪上证消费80指数（代码000069）。该指数由沪市A股中规模大、流动性好的80只主要消费、可选消费和医药卫生类公司股票组成，用以反映沪市A股中消费类股票的整体表现。截至2021年年底，成分股数量有80只，食品饮料权重为35.47%，医药生物权重为33.65%，汽车权重为12.74%，商贸零售权重为7.94%，家用电器权重为5.38%。

汇添富中证主要消费ETF（159928.OF）规模超过100亿元，是规模最大的消费主题指数基金，跟踪的中证主要消费指数（代码000932）。该指数由中证800指数样本股中的主要消费行业股票组成，以反映该行业公司股票的整体表现。截至2021年年底，成分股数量有53只，食品饮料权重为74.23%，农林牧渔权重为21.12%，美容护理权重为2.18%。

华夏上证主要消费ETF（510630.OF）跟踪上证主要消费指数（代码000036）。与中证主要消费指数覆盖沪深两市不同，该指数其由上海证券市场主要消费行业股票组成。截至2021年年底成分股数量有30只，食品饮料权重为92.30%，农林牧渔权重为3.73%，美容护理权重为3.49%。

广发中证全指可选消费 ETF（159936.OF）跟踪中证全指可选消费指数（代码000989）。该指数从中证全指样本股可选消费行业内选择流动性和市场代表性较好的股票构成指数样本股，以反映沪深两市可选消费行业内公司股票的整体表现。截至 2021 年年底，成分股数量有 407只，汽车权重为 39.32%，家用电器权重为 28.22%，商贸零售权重为11.63%，纺织服饰权重为 7.18%，轻工制造权重为 4.47%。与主要消费相比，其行业更为分散。

上投摩根中证消费（370023.OF）跟踪中证消费服务领先指数（代码000806）。该指数以中证全指为样本空间，由食品饮料业、服装及其他纤维制品制造业、文教体育用品制造业、医药生物制品业等行业中总市值排名前 100 的股票构成，每个行业样本股数量占比不超过 20%，以反映沪深 A 股消费服务类股票的整体表现。截至 2021 年年底，成分股数量有 100 只，覆盖超过 10 个申万一级行业，医药生物权重为31.55%，食品饮料权重为 17.66%，银行权重为 11.85%，计算机权重为 10.50%，非银行金融权重为 7.97%。

消费类细分行业的指数基金数量丰富。医药作为大行业独占鳌头。其他诸如食品饮料、酒/白酒、家电/家居、汽车/新能源汽车均有所覆盖。非医药类的消费行业基金从规模来看，食品饮料占据大半河山，白酒拔得头筹。招商中证白酒（161725.OF）作为最大的非医药消费类行业指数基金，规模超 700 亿元。其跟踪的中证白酒指数（代码399997），以中证全指为样本空间，选取涉及白酒生产业务相关上市公司股票作为成份股。截至 2021 年年底，成分股数量有 17 只，前三大成分股贵州茅台、泸州老窖、山西汾酒的合计权重约为 45%。富国中证新能源汽车（161028.OF）跟踪中证新能源汽车指数（代码399976）。该指数以中证全指为样本空间，选取涉及锂电池、充电桩、新能源整车等业务的上市公司股票作为成份股，反映新能源汽车相关上市公司的整体表现。截至

2021 年年底，成分股数量有 50 只，前三大成分股宁德时代、比亚迪、恩捷股份的合计权重约为 25%。

消费类主动管理型基金数量众多。细分来看，基金名称中带"消费"字眼的综合类主动管理型基金超过 140 只（不包含 QDII，同一基金不同份额分开计算）。从比较基准来看，早期发行的基金以沪深 300 指数和消费类指数为主（见表 8-5），投资范围集中在 A 股。自 2016 年开始，新成立的基金投资范围拓展到港股，比较基准也变得更加多元，后续更是将 TMT 类指数纳入比较基准。值得一提的是，工银瑞信基金在 2011 年属于破局者，工银瑞信消费服务（481013.OF）比较基准中有金融地产；且在 2018 年成立的工银瑞信新生代消费（005526.OF）将中证 TMT 产业主题指数纳入比较基准后，富国基金进行了跟随。2019 年成立的富国消费升级（006796.OF）将中证沪深港 1100TMT 指数纳入比较基准。这意味着新趋势的产生，TMT 公司从比较基准意义上不断进入新成立消费类的主动管理型基金的投资范围，也可以说是传统消费类基金的投资范围将会扩大。

表 8-5 消费综合类主动管理型基金示例

证券代码	证券简称	基金成立日	主要业绩基准
240001.OF	华宝宝康消费品	2003-7-15	沪深 300 指数
200006.OF	长城消费增值	2006-4-6	标普中国 A 股 300 指数
110022.OF	易方达消费行业	2010-8-20	中证内地消费主题指数
206007.OF	鹏华消费优选	2010-12-28	沪深 300 指数
481013.OF	工银瑞信消费服务 A	2011-4-21	中证全指金融地产指数
519150.OF	新华优选消费	2012-6-13	中证内地消费主题指数
000083.OF	汇添富消费行业	2013-5-3	中证主要消费行业指数
160624.OF	鹏华消费领先	2013-12-23	沪深 300 指数
001044.OF	嘉实新消费	2015-3-23	中证内地消费主题指数
001069.OF	华泰柏瑞消费成长	2015-5-20	申银万国消费品指数

表8-5（续）

证券代码	证券简称	基金成立日	主要业绩基准
519714.OF	交银消费新驱动	2015-7-1	中证内地消费主题指数
001927.OF	华夏消费升级A	2016-2-3	中证内地消费主题指数
002967.OF	浙商大数据智选消费	2017-1-11	中证主要消费行业指数
005526.OF	工银瑞信新生代消费	2018-2-13	中债综合财富（总值）指数
005674.OF	诺德消费升级	2018-5-18	申银万国消费品指数
006252.OF	永赢消费主题A	2018-11-6	中证内地消费主题指数
005888.OF	华夏新兴消费A	2018-11-7	中证内地消费主题指数
006796.OF	富国消费升级A	2019-2-20	申银万国消费品指数
009507.OF	国金鑫意医药消费A	2020-6-30	中证医药卫生指数
009619.OF	博时女性消费主题A	2020-6-30	中债综合财富（总值）指数

当前这类主动管理型基金中的明星基金非易方达消费行业（110022.OF）莫属。该基金成立于2010年8月20日，历经3位基金经理，目前掌舵者是萧经理，2021年增聘基金经理王经理。萧经理自2012年9月28日担任基金经理以来至2021年年底，任职总回报为468.45%，年化回报为20.63%。该基金也多次斩获中国基金业金牛奖（下文简称金牛奖）。基金成立时的份额约64亿，随后逐渐下降到2015年9月30日的约6亿元，2017年6月30日份额回升到约65亿元，似乎是一个轮回。2021年年底，该基金规模上涨到310亿元，是消费类主动管理型基金中的巨无霸。2019—2021年年底收益率为162.56%。此外，基于消费这个赛道的指数类基金，同期还有2只基金业绩表现不俗。汇添富中证主要消费ETF（159928.OF）自2014年以来，除去2018年和2021年分别下跌22.20%、7.48%，其余年度均是正收益，2019—2021年年底收益率为165.54%。招商中证白酒（161725.OF）自2016年以来，除去2018年和2021年分别下跌23.75%、2.37%，其余年度均是正收益，2019—2021年年底收益率为289.11%。

易方达消费行业（110022.OF）投资于中证指数公司界定的主要消费行业和可选消费行业股票的比例不低于股票资产的95%。从基金的持仓情况来看，萧经理的换手率低，持股集中度高。白酒、家电常见于前十大重仓股。常言道，规模是业绩的敌人。即便消费本身赛道优质，在基金规模超过百亿的情况下，依然能够保持优秀的业绩，萧经理的过人之处不言而喻。

与萧经理任职时间旗鼓相当的另外两位消费类基金经理，是鹏华消费优选（206007.OF）的王经理与华宝宝康消费品（240001.OF）的胡经理。王经理在2014年的业绩好于萧经理和胡经理，当年四季度其持仓了金融地产。2019年一季度末，其前十大重仓股六成是白酒。胡经理2018年的回撤幅度明显小于萧经理和王经理，盈亏同源，其2019年收益表现稍有落后。2018年他重仓中国中免，同年三季度新增上海机场至前十大，至2020年年底中国中免为其第一大重仓股，上海机场退出前十大。2021年年底，胡经理已离任该产品的基金经理。

截至2021年年底，非医药消费类主动管理型基金数量超过25只（不包含QDII，同一基金不同份额分开计算）。从基金名称和比较基准来看，主要是汽车和文体休闲两大类（见表8-6）。新能源汽车和智能汽车占比较高，文体休闲占比较低。

规模最大的国泰智能汽车A（001790.OF）由王经理担任基金经理，持股集中度高，重仓股的换手率不高。2020年该基金收益率为112.38%，其跟踪的中证新能源汽车指数当年的收益率仅为86.97%。嘉实智能汽车（002168.OF）由姚经理担任基金经理，其任职的另一只相关主题的基金嘉实新能源新材料A（003984.OF）/嘉实新能源新材料C（003985.OF）截至2021年年底规模约77亿元。

表 8-6　非医药类消费行业主动管理型基金示例

类别	证券代码	证券简称	基金成立日	主要业绩基准
汽车	400015.OF	东方新能源汽车主题	2011-12-28	中证新能源汽车指数
	001156.OF	申万菱信新能源汽车	2015-05-07	中证新能源汽车指数
	002168.OF	嘉实智能汽车	2016-02-04	中信汽车行业指数
	001790.OF	国泰智能汽车 A	2017-08-01	中证新能源汽车指数
	005928.OF	创金合信新能源汽车 C	2018-05-08	中证新能源汽车产业指数
	005927.OF	创金合信新能源汽车 A	2018-05-08	中证新能源汽车产业指数
	005668.OF	融通新能源汽车 A	2018-06-15	中证新能源汽车指数
	005940.OF	工银瑞信新能源汽车 C	2018-11-14	中证新能源汽车指数
	005939.OF	工银瑞信新能源汽车 A	2018-11-14	中证新能源汽车指数
	006234.OF	万家汽车新趋势 C	2019-10-23	沪深 300 指数
	006233.OF	万家汽车新趋势 A	2019-10-23	沪深 300 指数
	009835.OF	融通新能源汽车 C	2020-07-29	中证新能源汽车指数
文体休闲	001186.OF	富国文体健康 A	2015-05-06	中证 800 指数
	001628.OF	招商体育文化休闲 A	2015-08-18	沪深 300 指数
	001795.OF	上投摩根文体休闲	2015-12-23	中证 800 指数
	001714.OF	工银瑞信文体产业 A	2015-12-30	中证文体指数
	001223.OF	鹏华文化传媒娱乐	2016-01-27	中证传媒指数
	003054.OF	嘉实文体娱乐 C	2016-09-07	中证文体指数
	003053.OF	嘉实文体娱乐 A	2016-09-07	中证文体指数
	003397.OF	银华体育文化	2016-11-17	中证 800 指数
	002424.OF	博时文体娱乐主题	2017-05-25	中证 800 媒体指数
	001532.OF	华安文体健康主题 A	2017-06-08	中证 800 指数
	164205.OF	天弘文化新兴产业 A	2017-08-09	中证 800 指数
	005585.OF	银河文体娱乐主题 A	2018-04-19	中证文体休闲指数
	004424.OF	汇添富文体娱乐主题 A	2018-06-21	中证文体指数
	010687.OF	工银瑞信文体产业 C	2020-11-23	中证文体指数
	011125.OF	富国文体健康 C	2020-12-28	中证 800 指数

在文体休闲基金方面，大部分基金以大消费行业投资为主，少数专注于文体休闲产业，需要根据基金持仓和调研做进一步的挖掘。

（二）医药基金投资

医药基金防御性和成长性兼具，主动管理型基金的持仓经常超配。前期成立的多为主动管理型产品，在产品规模和数量上均有先发优势。自 2013 年医药行业指数基金登场以来，开始逐渐崭露头角。截至 2021 年 12 月 31 日，医药行业指数基金有 76 只，规模约 701 亿元；主动管理型基金有 156 只，规模约 2 573 亿元（不包含 QDII）。数量之多，规模之大，不可不察也。

医药行业整体盈利从中长期来说具有较高的持续性。行业解决了马斯洛需求层次理论中的最底层需求，当前社会又处于加速老龄化的阶段，受医改政策影响较大，医保控费将是医药行业长期存在的压力。医药行业内部异质性强，是强政策大环境下的完全不同逻辑的多个行业的集合。医药行业可以简单拆分为"医"和"药"。"医"是指医疗，主要包括医疗器械和医疗服务。"药"是指药物，包括原料药、仿制药、创新药、非处方药（OTC），化学药、生物药、中药。此外还有医药流通。原料药像周期品，非处方药像普通消费品，医药外包（CXO）有点像电子，创新药更接近科技股。这种异质性使得医药整体行情有大小年，但个股每年都有表现机会。

医药行业细分赛道众多，需要注重自上而下的研究方法，在好赛道里去选长跑冠军。否则面对几百家上市企业，投资者容易无所适从。机构投资者从海内外对比研究、医药政策研究等角度出发，在精选赛道之后，认为医药科技创新、医药健康消费、医药品牌连锁和一些细分赛道龙头值得长期看好。医药股作为成长赛道，简单的行业发展空间和竞争格局的研究会略显空泛。淡化财务指标，跟踪政策变化，研究企业核心产品和商业模式显得尤为重要。例如，医保控费对企业商业模式的重塑，以及核心产品生命周期等问题。当前国内的医药行业，正从一个内需市场变为全球市场，以创新药为代表的研发型企业将获得更大的成长空间。随着行业利润增速的降低，过去医药板块整体暴涨暴跌，业绩差的医药股"鸡犬升天"的行情在未来将越来越少，取而代之的是龙头股强者恒强与个股高度分化的境况。因此，医药行业需要精选主动管理型基金和细分领域指数基金。单纯配置大类行业的指数基金难以获得超额收益，甚至阶段性也没有绝对收益。

医药行业目前规模前三的医药指数基金均在 50 亿元以上。易方达沪深 300 医药卫生 ETF（512010.OF）规模超 70 亿元，下设 ETF 联接基金，方便投资者场外参与（见表 8-7）。其跟踪的沪深 300 医药卫生指数（代码 000913），由沪深 300 指数样本股中的医药卫生行业股票组成。截至 2021 年年底，成分股数量有 39 只，前三大成分股药明康德、恒瑞医药、迈瑞医疗的合计权重约为 30%，系成分股相对集中、市值靠前的医药行业指数化投资标的。

表 8-7　医药类行业指数基金示例

证券代码	证券简称	基金成立日	主要业绩基准	备注
000059.OF	国联安中证医药 100A	2013-08-21	中证医药 100 指数	
159929.OF	汇添富中证医药卫生 ETF	2013-08-23	中证医药卫生指数	
160219.OF	国泰国证医药卫生	2013-08-29	国证医药卫生行业指数	
512010.OF	易方达沪深 300 医药卫生 ETF	2013-09-23	沪深 300 医药卫生指数	
162412.OF	华宝中证医疗 ETF 联接 A	2015-05-21	中证医疗指数	
161726.OF	招商国证生物医药	2015-05-27	国证生物医药指数	
163118.OF	申万菱信医药生物	2015-06-19	中证申万医药生物指数	
001550.OF	天弘中证医药 100A	2015-06-30	中证医药 100 指数	
001551.OF	天弘中证医药 100C	2015-06-30	中证医药 100 指数	
501005.OF	汇添富中证精准医疗 A	2016-01-21	中证精准医疗主题指数	LOF
501006.OF	汇添富中证精准医疗 C	2016-01-21	中证精准医疗主题指数	LOF
161035.OF	富国中证医药主题指数增强 A	2016-11-11	中证医药主题指数	LOF

表8-7（续）

证券代码	证券简称	基金成立日	主要业绩基准	备注
501007.OF	汇添富中证互联网医疗 A	2016-12-22	中证互联网医疗主题指数	LOF
501008.OF	汇添富中证互联网医疗 C	2016-12-22	中证互联网医疗主题指数	LOF
005112.OF	银华中证全指医药卫生增强	2017-09-28	中证全指医药卫生指数	
001344.OF	易方达沪深 300 医药 ETF 联接 A	2017-11-22	沪深 300 医药卫生指数	
006569.OF	国联安中证医药 100C	2018-10-26	中证医药 100 指数	
007076.OF	汇添富中证医药卫生 ETF 联接 A	2019-03-26	中证医药卫生指数	
007077.OF	汇添富中证医药卫生 ETF 联接 C	2019-03-26	中证医药卫生指数	
006756.OF	国泰中证生物医药 ETF 联接 A	2019-04-16	中证生物医药指数	
006757.OF	国泰中证生物医药 ETF 联接 C	2019-04-16	中证生物医药指数	
512290.OF	国泰中证生物医药 ETF	2019-04-18	中证生物医药指数	
512170.OF	华宝中证医疗 ETF	2019-05-20	中证医疗指数	
007883.OF	易方达沪深 300 医药 ETF 联接 C	2019-08-20	沪深 300 医药卫生指数	
009881.OF	广发中证医疗 C	2020-08-26	中证医疗指数	
502056.OF	广发中证医疗 A	2020-08-26	中证医疗指数	LOF

　　国泰国证医药卫生（160219.OF）规模超 12 亿元，其跟踪的国证医药指数（代码 399394），选取医药卫生行业规模和流动性突出的 80 只股票组成。前三大成分股药明康德、恒瑞医药、迈瑞医疗的合计权重约为 23%。

　　汇添富中证医药卫生 ETF（159929.OF）跟踪中证医药卫生指数（代码 000933），下设 ETF 联接基金，方便投资者场外参与。该指数由中证 800 指数样本股中的医药卫生行业股票组成。截至 2021 年年底，成分股数量有 87 只，前三大成分股药明康德、恒瑞医药、迈瑞医疗合计权重约为 23%。中证医药卫生指数亦是诸多医药主动管理型基金的比较基准。

　　生物医药/医药生物是医药行业中的重要细分行业。跟踪该行业的指数基金早期成立于 2015 年，相应的 ETF 基金成立于 2019 年。当前从指数成分股来看，CS 生医、生物医药、CS 精准医有许多成分股票相同。

国泰中证生物医药 ETF（512290.OF）跟踪中证生物医药指数（代码 930726），下设 ETF 联接基金，方便投资者场外参与。该指数选取提供细胞医疗、基因测序、血液制品、生物技术药物、疫苗、体外诊断等产品和服务的上市公司作为样本股，采用自由流通市值加权方式，并对单个股票设置 5% 的权重上限，以反映生物医药上市公司的整体表现。截至 2021 年年底，成分股数量有 30 只，前三大成分股为恒瑞医药、迈瑞医疗、药明康德。招商国证生物医药（161726.OF）跟踪国证生物医药指数（代码 399441）。该指数以 A 股市场属于生物医药产业相关上市公司为样本空间，根据市值规模和流动性的综合排名，选出前 30 只股票作为指数样本股（数量不足时则按实际数量选入），反映生物医药行业的整体运行情况。截至 2021 年年底，成分股数量有 30 只，前三大成分股智飞生物、药明康德、沃森生物的合计权重约为 30%。申万菱信医药生物（163118.OF）跟踪中证申万医药生物指数（代码 000808）。该指数从沪深 A 股中挑选日均总市值前 100 的医药生物行业公司股票组成样本股。截至 2021 年年底，成分股数量 99 只，前三大成分股药明康德、恒瑞医药、迈瑞医疗的合计权重约 22%。汇添富中证精准医疗 A（501005.OF）/汇添富中证精准医疗 C（501006.OF）跟踪中证精准医疗主题指数（代码 930719）。该指数选取从事疾病筛查与诊断、数据解读、个性化治疗与用药以及其他与精准医疗相关的代表性沪深 A 股作为样本股，反映精准医疗产业公司的整体表现。截至 2021 年年底，成分股数量有 25 只，前三大成分股君实生物、迈瑞医疗、金域医学的合计权重约为 17%。

华宝中证医疗 ETF 联接 A（162412.OF）、广发中证医疗 A（502056.OF）跟踪中证医疗指数（代码 399989）。该指数选取与医疗器械、医疗服务等与医疗行业相关代表性公司股票作为指数样本股，采用自由流通调整市值加权，并根据成分股数量设置不同的权重上限，以反映沪深两市医疗主题股票的整体走势。当样本空间中医疗相关的股票超过 100 只时，该指数对所有股票按照过去一年日均总市值进行排序，选取排名前 100 的股票作为指数样本。截至 2021 年年底，成分股数量有 49 只，前三大成分股迈瑞医疗、爱尔眼科、药明康德的合计权重约为 29%。汇添富中证互联网医疗 A（501007.OF）／汇添富中证互联网医疗 C（501008.OF）跟踪中证互联网医疗主题指数（代码 930720）。该指数选取为医疗信息化、智能化提供硬件、软件或服务的代表性沪深 A 股作为样本股，反映互联网医疗主题相关公司的整体表现。截至 2021 年年底，成分股数量有 20 只，前三大成分股国新健康、益丰药房、久远银海的合计权重约为 18%。

截至 2021 年年底，医药类的主动管理型基金规模大致是医药行业指数基金的 3 倍多，基本占据消费类主动管理型基金的半壁江山（见表 8-8）。

表 8-8 医药类主动管理型基金示例

证券代码	证券简称	基金成立日	主要业绩基准	备注
163001.OF	长信医疗保健行业 A	2010-03-26	中证医药卫生指数	LOF
470006.OF	汇添富医药保健 A	2010-09-21	中证医药卫生指数	
110023.OF	易方达医疗保健	2011-01-28	申万医药生物行业指数	
240020.OF	华宝医药生物	2012-02-28	中证医药卫生指数	
399011.OF	中海医疗保健	2012-03-07	中证医药卫生指数	
161616.OF	融通医疗保健行业 A	2012-07-26	申万医药生物行业指数	
050026.OF	博时医疗保健行业 A	2012-08-28	中证医药卫生指数	
000220.OF	富国医疗保健行业 A	2013-08-07	中证医药卫生指数	
000452.OF	南方医药保健	2014-01-23	中证医药卫生指数	
000339.OF	长城医疗保健 A	2014-02-28	中证医药卫生指数	
000711.OF	嘉实医疗保健	2014-08-13	中证医药卫生指数	
000780.OF	鹏华医疗保健	2014-09-23	中证医药卫生指数	

表8-8（续）

证券代码	证券简称	基金成立日	主要业绩基准	备注
000831.OF	工银瑞信医疗保健行业	2014-11-18	中证医药指数	
000960.OF	招商医药健康产业	2015-01-30	申万医药生物行业指数	
000945.OF	华夏医疗健康 A	2015-02-02	中证医药卫生指数	
519171.OF	浦银安盛医疗健康 A	2015-05-25	中证医药卫生指数	
001417.OF	汇添富医疗服务 A	2015-06-18	中证医药卫生指数	
001766.OF	上投摩根医疗健康 A	2015-10-21	申银万国医药生物行业指数	
001717.OF	工银瑞信前沿医疗 A	2016-02-03	中证医药指数	
003095.OF	中欧医疗健康 A	2016-09-29	中证医药卫生指数	
003284.OF	中邮医药健康	2016-12-13	中证医药 100 指数	
004683.OF	建信高端医疗	2017-07-18	中证医药卫生指数	
003032.OF	平安医疗健康	2017-11-24	中证医药卫生指数	
006002.OF	工银瑞信医药健康 A	2018-07-30	中证医药卫生指数	
006113.OF	汇添富创新医药	2018-08-08	中证医药卫生指数	
008618.OF	永赢医药健康 A	2020-05-20	中证医药卫生指数	
010054.OF	万家健康产业 A	2020-09-30	沪深 300 指数	
010654.OF	天弘医药创新 A	2020-12-02	中证医药卫生指数	

　　华宝医药生物（240020.OF）2020 年收益率为 75.19%，2021 年收益率为 7.56%，大幅超过医药类主动管理型基金的平均数。基金经理光经理在绝对收益方面自成一派。他曾坦言医药行业这个赛道不错，是适合通过努力长期做出绝对收益的领域。其管理的华宝新优选一年定开混合（004284.OF）自其 2018 年 8 月 24 日任职开始，在 2018 年、2019 年、2020 年的任职期间内均跑出绝对收益。2018 年同期沪深 300 下跌 25.31%，其基金净值区间回报 0.16%，超额收益明显。他于 2021 年 4 月 10 日离任，任职期间所管理的新优选基金年化回报达 7.17%，最大回撤小于 3.5%。

　　2018 年中证医药指数（000933.SH）下跌 25.97%，医药主动基金业绩靠前的部分基金净值跌幅小于 10%。中邮医药健康（003284.OF）2018 年的净值下跌 2.70%，2020 年年底规模在 1 亿元以下。该基金在 2018 年第一季度后股票仓位一度降至 10% 以下，2020 年第四季度末重新回到 70% 以上。汇添富医疗服务 A（001417.OF），基金规模曾一度超过 100 亿元。2018 年净值下跌 8.49%，2021 年收益率为 1.92%。

2020 年以来，医药行业主动管理型基金的业绩开始分化，前期领先的部分基金业绩持续性欠佳。部分业绩表现连续几年较好的基金在规模不断变大尤其是超过 100 亿元后业绩开始下滑，可能的原因是交易拥挤度上升，以至于投资组合调整的灵活性变低。投资医药主动型基金需要持续跟踪业绩和规模，同时在基金经理市场适应性下降后对其重新进行评估。

▶ 第四节　TMT

一、行业概况

TMT（technology，media，telecom），是科技、媒体和通信三个英文单词第一个字母的缩写。一般包含的行业主要有计算机、电子、传媒、通信等。这几个行业的关联度高，股票弹性大，以创业板和科创板的公司居多。信息技术或者科技主题的投资，一般用 TMT 行业领域圈定投资方向。TMT 板块具备高速成长性，在成长股的行情中往往表现突出。截至 2021 年 12 月 31 日，TMT 行业总市值超过 122 730 亿元，占市场比重为 16.71%。细分来看，电子占比 8.17%，计算机占比 4.92%。传媒和通信相对占比较低，均低于 3%。

自 2012 年 1 月 1 日到 2021 年 12 月 31 日的 10 年时间中，国证 A 指涨幅为 171.41%（见图 8-4）。作为反映沪深两市信息技术行业内公司股票整体表现的指数，全指信息的涨幅为 234.62%，超额收益明显。但同期振幅超过 460%，相比国证 A 指的 236% 大得多。

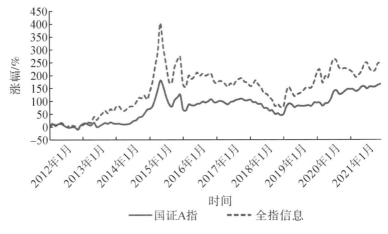

图 8-4　全指信息指数与国证 A 指走势对比图

二、行业投资逻辑

科技股投资，最大的难点、魅力和超额收益的来源，都是"变化"。由于产业是不断变化的，企业受益的程度也是不断变化的，故而需要进行不断的跟踪和研究。这跟消费品股不一样，消费品企业多年前的龙头企业和今天的龙头企业相比，变化相对较小。正因为如此，机构通常对科技股采用"产业趋势+估值"的分析框架，而且产业趋势比估值更为重要。

科技创新的需求侧目前面临人口红利消退、技术渗透率提升的问题。随着经济近年来的高速发展，人力成本上涨明显，而且从长期来看人口形势可能愈加严峻。客户需求叠加技术革新，科技投入由成本中心转变为盈利工具。从互联网开始，每一轮的通信技术变革都带动了 IT 产业链的变革。作为科技创新的供给侧，5G 与智能化推动新一轮产业迭代周期值得期待。从科技行业的结构来看，是软硬结合。电子、通信、计算机设备偏硬件，本质趋近制造业。计算机软件、传媒、互联网偏软件，更加看重内容和流量。参与通信技术革命的投资流程，往往从作为信息基础设施的通信行业逐步酝酿，爆发于消费终端载体的电子行业，由计算机和传媒行业构成的传媒娱乐开始应用，最后在产业信息化中掀起高潮。产业趋势一旦往上，科技股的业绩可能呈现爆发式增长。如果产业趋势看不到上行的拐点、估值没有泡沫，股价的上升趋势就不会终止。产业趋势是前瞻性的业绩指标，在投资中不要过度在意短期业绩和暂时较高的静态估值。产业趋势的跟踪是：中短期关注供需，供需直接影响量价，从而影响企业盈利；中长期关注创新，创新周期是需求持续爆发的前提。

科技股投资，买的是行业发展空间和景气度，赚的是估值提升的钱。偏制造业的科技股投资过程中需要关注供给、景气度和需求。投资的安全边际是研究供给的壁垒性。在景气度研究之前，核心是看供给，分析供给的壁垒和可拓展性。如果供给壁垒足够强，往往在景气度上行的过程中能收获丰厚的利润，在景气度下行的过程中也能够保持一个相对合适的利润空间。供给的可拓展性能够决定行业成长的天花板。科技股景气度影响订单，进而影响开工率，开工率的变化带来高度的盈利弹性。供给的研究可以筛选一个优质的标的，需求的研究辅助决定买卖的时点和组合仓位的比例。科技股中面向企业的软件企业，因为企业更换软件的成本比较高，而行业的壁垒更多是持续的人力资源投入，所以也是不容易颠覆的。对于内容提供商的科技股，投资逻辑在于技术更新带来的硬件更新，在新硬件和更高流量基础上诞生出新的内容形式。因此这带来两轮股价机会，一是 0 到 1 的机会，前端硬件有更新时的提前反应。二是 1 到 10 的机会，硬件更新完毕，内容更迭，市场渗透率快速释放。由于估值的弹性较大，科技股投资的美好时光，主要是景气预期改善和持续改善的两个阶段。

三、基金投资要点

从 2013 年以来，主动管理型基金对 TMT 行业超配的时间居多，近来开始发生边际变化，超配比例下移。把握 TMT 的投资机会，一方面可以通过指数型基金获取市场平均收益，另一方面可以精选主动管理型基金追求市场超额收益。

TMT 行业的指数基金从 2013 年以来赢得大发展。目前大体可以分为两大类：一是综合类主题指数基金（见表 8-9），主要是信息技术、TMT 产业等；二是细分行业指数基金（见表 8-10），如计算机、传媒、电子等。

表 8-9　TMT 综合类主题指数基金示例

证券代码	证券简称	基金成立日	跟踪指数
159909.OF	招商深证 TMT50ETF	2011-06-27	深证 TMT50 指数
217019.OF	招商深证 TMT50ETF 联接 A	2011-06-27	深证 TMT50 指数
165522.OF	中信保诚中证 TMT 产业主题 A	2014-11-28	中证 TMT 产业主题指数
004409.OF	招商深证 TMT50ETF 联接 C	2017-02-23	深证 TMT50 指数
160626.OF	鹏华中证信息技术 A	2014-05-05	中证信息技术指数
159939.OF	广发中证全指信息技术 ETF	2015-01-08	中证全指信息技术指数
000942.OF	广发中证全指信息技术 ETF 联接 A	2015-01-29	中证全指信息技术指数
512330.OF	南方中证 500 信息技术 ETF	2015-06-29	中证 500 信息技术指数
002974.OF	广发中证全指信息技术 ETF 联接 C	2016-07-06	中证全指信息技术指数
002900.OF	南方中证 500 信息技术 ETF 联接 A	2016-08-17	中证 500 信息技术指数
004347.OF	南方中证 500 信息技术 ETF 联接 C	2017-02-23	中证 500 信息技术指数

表8-9（续）

证券代码	证券简称	基金成立日	跟踪指数
515000.OF	华宝中证科技龙头 ETF	2019-07-22	中证科技龙头指数
007873.OF	华宝中证科技龙头 ETF 联接 A	2019-08-30	中证科技龙头指数
007874.OF	华宝中证科技龙头 ETF 联接 C	2019-08-30	中证科技龙头指数
515580.OF	华泰柏瑞中证科技 100ETF	2019-09-27	中证科技 100 指数
159807.OF	易方达中证科技 50ETF	2020-03-16	中证科技 50 指数
010203.OF	天弘中证科技 100 指数增强 C	2020-10-28	中证科技 100 指数

截至 2021 年年底，TMT 综合类的指数基金超过 30 只。ETF 类型的基金除有可以场内投资的 ETF 份额外，也有联接基金供场外申购赎回。

招商深证 TMT50ETF（159909.OF）于 2011 年成立，时间最早，跟踪深证 TMT50 指数（代码 399610）。深证 TMT50 指数是第一只将选样空间锁定在 TMT 产业的指数，用以反映深圳证券市场中的科技、媒体和电信类上市公司的整体运行情况。截至 2021 年年底，成分股数量有 50 只，电子权重为 43.25%，计算机权重为 26.61%，电力设备权重为 10.22%，传媒权重为 8.60%，通信权重为 5.64%。

广发中证全指信息技术 ETF（159939.OF）规模超过 10 亿元，于 2015 年成立，跟踪中证全指信息技术指数（代码 000993）。该指数从中证全指样本股信息技术行业内选择流动性和市场代表性较好的股票构成指数样本股，以反映沪深两市信息技术行业内公司股票的整体表现。截至 2021 年年底，成分股数量有 407 只，电子权重为 61.73%，计算机权重为 32.32%。

华宝中证科技龙头 ETF（515000.OF）跟踪中证科技龙头指数（代码 931087）。该指数由沪深两市中电子、计算机、通信、生物科技等科技领域中规模大、市占率高、成长能力强、研发投入高的 50 只龙头公司股票组成，以反映沪深两市科技领域内龙头公司股票的整体表现。截至 2021 年年底，成分股行业中没有传媒，电子权重为 46.39%，计算机权重为29.68%，医药权重为16.92%，通信权重为7.01%。

TMT细分行业指数基金覆盖了计算机、电子、互联网、"互联网+"等领域（见表8-10）。生物科技主题虽然名字中有科技二字，但其主要涉及基因诊断、生物制药、血液制品等领域，机构投资者一般将其划入到大医药领域的投资范围，表8-10中仅列出供参考。

表8-10 TMT细分行业指数基金示例

类别	证券代码	证券简称	基金成立日	跟踪指数
计算机	160224.OF	国泰中证计算机主题 ETF 联接 A	2015-03-26	中证计算机主题指数
	001629.OF	天弘中证计算机主题 ETF 联接 A	2015-07-29	中证计算机主题指数
	512720.OF	国泰中证计算机 ETF	2019-07-11	中证计算机主题指数
	159998.OF	天弘中证计算机主题 ETF	2020-03-20	中证计算机主题指数
电子	163116.OF	申万菱信电子行业 A	2015-05-14	中证申万电子行业投资指数
	159997.OF	天弘中证电子 ETF	2020-02-27	中证电子指数
	515260.OF	华宝中证电子 50ETF	2020-07-17	中证电子 50 指数
	512980.OF	广发中证传媒 ETF	2017-12-27	中证传媒指数
	004752.OF	广发中证传媒 ETF 联接 A	2018-01-02	中证传媒指数
	004753.OF	广发中证传媒 ETF 联接 C	2018-01-02	中证传媒指数
	159805.OF	鹏华中证传媒 ETF	2020-03-06	中证传媒指数
	010677.OF	工银瑞信中证传媒 C	2020-11-26	中证传媒指数
互联网	161025.OF	富国中证移动互联网	2014-09-02	中证移动互联网指数
	160636.OF	鹏华中证移动互联网	2015-06-16	中证移动互联网指数
	160137.OF	南方中证互联网	2015-07-01	中证互联网指数
互联网+	501007.OF	汇添富中证互联网医疗 A	2016-12-22	中证互联网医疗主题指数
	501008.OF	汇添富中证互联网医疗 C	2016-12-22	中证互联网医疗主题指数
	002236.OF	大成互联网+大数据 A	2016-02-03	中证 360 互联网+大数据 100 指数
	003359.OF	大成互联网+大数据 C	2017-01-18	中证 360 互联网+大数据 100 指数

表8-10(续)

类别	证券代码	证券简称	基金成立日	跟踪指数
生物科技	161122.OF	易方达中证万得生物科技 A	2015-06-03	中证万得生物科技指数
	501009.OF	汇添富中证生物科技 A	2016-12-22	中证生物科技主题指数
	501010.OF	汇添富中证生物科技 C	2016-12-22	中证生物科技主题指数
	010572.OF	易方达中证万得生物科技 C	2020-12-03	中证万得生物科技指数

中证 360 互联网+大数据 100 指数（代码 930734）是由大成基金管理有限公司定制开发的量化策略指数，通过引入搜索因子构建多因子模型，并选取评分最高的 100 只股票，采用等权重指数方法计算。从指数设计来看，不是单纯跟踪 TMT 主题，而是运用了 TMT 技术的选股策略。截至 2021 年年底，该指数的成分股行业包含 100 个，成分股数量较多的行业主要是电子、通信、计算机、家用电器、电力设备、传媒、非银金融。

富国中证移动互联网（161025.OF）与南方中证互联网（160137.OF）在投资方向上有所不同。中证移动互联网指数（代码 399970），从移动终端提供商、移动互联网平台运营商、移动互联网平台的商品销售商和内容服务提供商，以及其他受益于移动互联的公司中选取 100 家组成样本股，以反映移动互联网相关产业公司股票的走势。截至 2021 年年底，成分股数量有 100 只，行业包含 14 个，电子权重为 41.03%，计算机权重为 22.54%，电力设备权重为 8.40%，传媒权重为 6.47%，通信权重为 3.94%。中证互联网指数（代码 H30535）选取互联网技术与软件提供商、互联网平台运营商、互联网内容服务提供商，以及其他与互联网行业相关的公司股票组成样本股，以反映互联网相关产业公司的整体表现。截至 2021 年年底，成分股数量有 150 只，行业包含 10 个，计算机权重为 49.56%，传媒权重为 16.69%，电子权重为 13.40%，通信权重为 11.47%，非银金融权重为 5.34%。

指数型的 TMT 基金整体规模偏小，相比之下，主动管理型的 TMT

基金百花齐放（见表 8-11）。按照基金的名称来看，包含互联网、"互联网+"、物联网、信息产业、高新技术、科技等主题类别。从基金的主要业绩基准来看，TMT 指数和沪深 300、中证 800 等宽基指数平分秋色。优秀的 TMT 基金经理需要不断挖掘，跟踪调研。少数业绩优秀的基金经理持续性较好。

表 8-11　TMT 行业主动管理型基金示例

类别	证券代码	证券简称	基金成立日	主要业绩基准
互联网	001071.OF	华安媒体互联网	2015-05-15	中证 800 指数
	001959.OF	华商乐享互联网 A	2015-12-18	中证 800 指数
互联网+	001409.OF	工银瑞信互联网加	2015-06-05	中证 800 指数
	001396.OF	建信互联网+产业升级	2015-06-23	中证 800 指数
	001542.OF	国泰互联网+	2015-08-04	沪深 300 指数
物联网	001028.OF	华安物联网主题	2015-03-17	中证 800 指数
	001809.OF	中信建投智信物联网 A	2016-08-03	沪深 300 指数
	003670.OF	中融物联网主题	2017-02-27	沪深 300 指数
	004636.OF	中信建投智信物联网 C	2017-05-10	沪深 300 指数
沪港深互联网	002482.OF	宝盈互联网沪港深	2016-06-16	中证 800 指数
	004292.OF	鹏华沪深港互联网	2017-04-06	中证沪港深互联网指数
网购	002837.OF	华夏网购精选 A	2016-11-02	中证主要消费指数
	007939.OF	华夏网购精选 C	2019-09-11	中证主要消费指数
信息产业	080012.OF	长盛电子信息产业 A	2012-03-27	中证信息技术指数
	000263.OF	工银瑞信信息产业 A	2013-11-11	中证 TMT 产业主题指数
	000522.OF	华润元大信息传媒科技	2014-03-31	中证 TMT 产业主题指数
	001227.OF	中邮信息产业	2015-05-14	中证信息技术指数
	001513.OF	易方达信息产业	2016-09-27	中证 TMT 产业主题指数
高新技术	100060.OF	富国高新技术产业	2012-06-27	中证 800 指数
	000628.OF	大成高新技术产业 A	2015-02-03	中证 700 指数

表8-11（续）

类别	证券代码	证券简称	基金成立日	主要业绩基准
科技	540010.OF	汇丰晋信科技先锋	2011-07-27	中证TMT指数
	040025.OF	华安科技动力A	2011-12-20	中证800指数
	000698.OF	宝盈科技30	2014-08-13	中证800指数
	001538.OF	上投摩根科技前沿	2015-07-09	中证800指数
	519767.OF	交银科技创新	2016-05-05	沪深300指数
	002692.OF	富国创新科技A	2016-06-16	中证TMT产业主题指数
	002707.OF	大摩科技领先A	2017-12-13	沪深300指数
	006227.OF	华宝科技先锋A	2019-02-13	中证TMT产业主题指数
	006868.OF	华夏科技成长	2019-03-05	中证TMT产业主题指数
	006218.OF	富国生物医药科技A	2019-03-12	中证医药卫生指数
	006751.OF	富国互联科技A	2019-03-26	中证互联网指数
	007713.OF	华富科技动能	2019-11-06	中证800指数
	008633.OF	万家科技创新A	2020-01-07	中国战略新兴产业成份指数

　　华安媒体互联网（001071.OF）成立于2015年，现任基金经理胡经理自基金成立不久便开始管理，可谓是三年磨出正收益。他的业绩呈现为一条边际递增的曲线，2016年亏损超10%，2017年亏损缩减到4%以内，三年后的2018年是他投资业绩的转折点。在历经A股基本面内忧外患的情况下以正收益0.81%完美收官。现实是残酷的，2018年大部分科技主题的基金业绩都最终陨落了。到2019年，该基金收益率超过100%。从其接手至2021年年底，华安媒体互联网的规模从成立以来翻了超过4倍，系目前规模领先、业绩相对平稳的科技主题基金。

　　"互联网+"类别的基金不一定是以TMT为主要投资方向，需要关注基金投资目标。国泰互联网+（001542.OF）在2017年收益率超过60%，其投资在食品饮料和金融方向的比例较高。2018年第四季度以来有所变化，TMT持仓的占比逐步提升。2021年年底，前十大重仓中电子、电力设备行业持股 5 只。工银瑞信互联网加（001409.OF）成立于 2015 年，深入研究互联网行业的发展新机遇以及传统行业与互联网相融合的发展新空间，历经 5 位基金经理。2021 年年底，重仓股分布在电子、计算机、国防军工、电力设备等多个领域。建信互联网+产业升级（001396.OF）精选优质的互联网公司和应用新一代互联网技术实现产业升级的上市公司。2021 年年底，重仓股分布在食品饮料、电子、电力设备等多个领域。

汇丰晋信科技先锋（540010.OF）是成立时间较早的科技主题基金，现任基金经理陈经理于 2015 年 7 月任职，专注于 TMT 领域的投资。成立于 2015 年科技股大行情前的宝盈科技 30（000698.OF），由来自中国台湾的张经理执掌。张经理熟知台湾电子产业链的发展历程，重仓股的持股周期偏中长。从完整的任职年度来看，除了 2018 年亏损超20%，2017 年、2019 年、2020 年、2021 年都是正收益。宝盈科技 30 的前任基金经理是彭经理，彭经理管理的基金曾获金牛奖。他最大回撤在11%以内的代表基金是宝盈鸿利收益 A（213001.OF），该基金在后任基金经理张经理的管理下也荣获金牛奖。此后，继任基金经理李经理，在 2018 年 A 股市场大跌的情况下，基金净值年度回撤 12.94%，同期沪深 300 跌幅 25.31%。

▶第五节 周期品

一、行业概况

周期品是 A 股市场的重要组成部分，行业景气度对经济周期的敏感度高。基本面波动显著，则市场表现的趋势特征明显。机构投资者在划分的时候，通常把煤炭、钢铁、有色、石油石化、基础化工、农林牧渔等归入周期组。严格来说，周期品可以分为下游需求、中游制造和上游资源。周期股行情启动的时候，资源品的表现往往十分突出。为了投资理解上的便利，我们这里的周期品主要指资源相关主题的品种。

以代表性的指数中证内地资源指数（代码 000944）对应行业来看，资源行业总市值超过 100 000 亿元，占市场比重约 14%。自 2012 年 1 月 1 日到 2021 年 12 月 31 日的 10 年时间中，国证 A 指涨幅为 171.41%（见图 8-5）。中证内地资源指数有时候上涨超过国证 A 指，但最终的涨幅仅为+1.11%，同期振幅也低于国证 A 指。

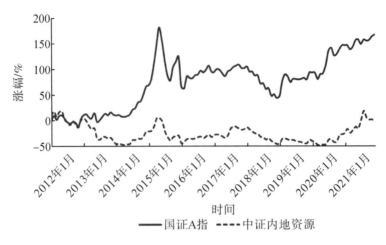

图 8-5 中证内地资源指数与国证 A 指走势对比图

二、行业投资逻辑

长期看，万物皆有周期。证券市场投资中，一般把周期行业定义为短期内盈利随经济的波动性大于内生成长性的行业。周期行业的范围相对较广。一是资源类，如煤炭、有色金属、各种矿等。这类板块在周期行业中所占比重较高，资源类的基金数量也相对较多。二是中游制造类，如钢铁、建筑建材、化工、机械等。三是自循环周期类，如农业、交通运输等。四是金融地产类，作为与宏观经济相关的板块，机构投资者一般将其单独列出，关注大级别投资机会。

周期股的缺点很多，最突出的一点是股价波动幅度大，许多普通投资者难以在周期股上赚钱，投资体验往往是坐过山车。上游资源行业的基本面研究，通常涉及世界经济、国际价格、国内价格、下游需求指标等多个层面的分析，有时容易演变为宏观判断，对非宏观策略及周期行业出身的投资者来说不太友好，研究投入产出的性价比不高。换个角度来看，一旦研究入门，在价格趋势上乘风，对投资业绩的正向贡献很大。例如，A股中新能源上游的锂、钴，养殖行业中的猪，都曾经有过辉煌的股价涨幅战绩。

伴随中国经济增速下行，许多周期行业表现出波动率下降的特征。即需求增速放缓，限制向上弹性；集中度提升，龙头控价能力增加，且投资更为理性，缩减向下弹性。盈利弹性缩小但盈利中枢上行，龙头分化，估值弹性伴随盈利弹性缩小。因此，**"行业特征+景气跟踪+估值"是周期行业适用的分析框架。**行业特征通过回溯分析行业的周期来源、长度和波动性，标记行业所处的成长性位置。景气跟踪需要确认核心因素、跟踪方式、数据来源及置信度，并通过其他底部或顶部特征作为辅助因素进行判断。同时要观察宏观相关指标，进行上下游协同验证。估值方面，研究行业在底部和顶部所适用的估值方法，大致给出估值水平，参照行业估值中枢的变化，寻找买入和卖出时机。**成长性相对越高的行业，历史数据参考意义越小。大品种重研究优势，小品种重信息优势。**从交易策略来看，周期成长股，底部跌出价值，可左侧参与；行业的周期波动越大，历时越长，右侧参与的空间损失相对更小。

三、基金投资要点

自2013年以来，主动管理型基金对周期行业低配的时间居多。周期行业波动大，看起来投资机会多但不好把握。相对收益可以通过配置指数型基金以便跟上市场表现，绝对收益需要精选主动管理型基金。从历史数据来看，选对了周期行业的主动管理型基金，其持有体验更好，在分享行业收益时缩小了净值波动。

截至2021年年底，资源品和农业的指数基金整体规模较小。目前大体可以分为两大类：一是资源大类的主题指数（见表8-12），二是细分行业指数，如煤炭、钢铁、有色等。

表 8-12　资源行业和农业指数基金示例

类别	证券代码	证券简称	基金成立日	业绩比较基准
资源	161217.OF	国投瑞银中证上游	2011-07-21	中证上游资源产业指数
	690008.OF	民生加银中证内地资源 A	2012-03-08	中证内地资源主题指数
	050024.OF	博时自然资源 ETF 联接	2012-04-10	上证自然资源指数
	510410.OF	博时自然资源 ETF	2012-04-10	上证自然资源指数
	160620.OF	鹏华中证 A 股资源产业 A	2012-09-27	中证 A 股资源产业指数
煤炭	161724.OF	招商中证煤炭 A	2015-05-20	中证煤炭等权指数
	161032.OF	富国中证煤炭 A	2015-06-19	中证煤炭指数
	168204.OF	中融中证煤炭	2015-06-25	中证煤炭指数
	008279.OF	国泰中证煤炭 ETF 联接 A	2020-01-16	中证煤炭指数
	008280.OF	国泰中证煤炭 ETF 联接 C	2020-01-16	中证煤炭指数
	515220.OF	国泰中证煤炭 ETF	2020-01-20	中证煤炭指数
钢铁	168203.OF	中融国证钢铁	2015-06-19	国证钢铁行业指数
	502023.OF	鹏华国证钢铁行业 A	2015-08-13	国证钢铁行业指数
	008189.OF	国泰中证钢铁 ETF 联接 A	2020-01-20	中证钢铁指数
	008190.OF	国泰中证钢铁 ETF 联接 C	2020-01-20	中证钢铁指数
	515210.OF	国泰中证钢铁 ETF	2020-01-22	中证钢铁指数
有色	165520.OF	中信保诚中证 800 有色 A	2013-08-30	中证 800 有色金属指数
	160221.OF	国泰国证有色金属行业	2015-03-30	国证有色金属行业指数
	512400.OF	南方中证申万有色金属 ETF	2017-08-03	中证申万有色金属指数
	004432.OF	南方中证申万有色金属 ETF 联接 A	2017-09-08	中证申万有色金属指数
	004433.OF	南方中证申万有色金属 ETF 联接 C	2017-09-08	中证申万有色金属指数
	010990.OF	南方中证申万有色金属 ETF 联接 E	2020-12-18	中证申万有色金属指数
大宗商品	161715.OF	招商中证大宗商品	2017-06-29	中证大宗商品股票指数
能源	159930.OF	汇添富中证能源 ETF	2013-08-23	中证能源指数
	159945.OF	广发中证全指能源 ETF	2015-06-25	中证全指能源指数

表8-12(续)

类别	证券代码	证券简称	基金成立日	业绩比较基准
农业	001027.OF	前海开源中证大农业增强	2015-02-13	中证大农业指数
	159825.OF	富国中证农业主题ETF	2020-12-10	中证农业主题指数
	159827.OF	银华中证农业主题ETF	2020-12-10	中证农业主题指数

从中证 A 股资源产业指数（代码 000805）来看，其以中证全指为样本空间，由能源，多种金属与采矿、贵重金属与矿石、黄金、铝行业中总市值排名前 50 的股票构成，并采用二级行业内等权的加权方式，反映沪深 A 股资源类股票的整体表现。中证 A 股资源产业指数和中证大宗商品股票指数的含义较为相似，成分股覆盖行业接近，区别主要是选股范围的不同。截至 2021 年年底，指数基金品种中规模最大的是南方中证申万有色金属 ETF（512400.OF），超过 37 亿元，以机构投资者为主。其次是国泰中证煤炭 ETF（515220.OF），规模超 30 亿元，机构投资者占比超过 60%。

表 8-13 展示了部分资源行业和农业的主动管理类基金。截至 2021 年年底，资源综合类在 10 亿元以上的主动管理型基金有景顺长城资源垄断（162607.OF）、宝盈资源优选（213008.OF）、易方达资源行业（110025.OF）、华宝资源优选 A（240022.OF）、广发资源优选 A（005402.OF）。易方达资源行业（110025.OF）自成立以来历任四位基金经理，现任基金经理兰经理自 2018 年 12 月开始任职。

表 8-13 资源行业和农业主动管理基金示例

类别	证券代码	证券简称	基金成立日	主要业绩基准
资源	163302.OF	大摩资源优选	2005-09-27	沪深 300 指数
	162607.OF	景顺长城资源垄断	2006-01-26	沪深 300 指数
	213008.OF	宝盈资源优选	2008-04-15	沪深 300 指数
	519091.OF	新华泛资源优势	2009-07-13	沪深 300 指数
	110025.OF	易方达资源行业	2011-08-16	中证内地资源主题指数
	210009.OF	金鹰核心资源	2012-05-23	沪深 300 指数
	240022.OF	华宝资源优选 A	2012-08-21	中证内地资源主题指数
	003304.OF	前海开源沪港深核心资源 A	2016-10-17	沪深 300 指数
	003305.OF	前海开源沪港深核心资源 C	2016-10-17	沪深 300 指数
	003624.OF	创金合信资源主题 A	2016-11-02	中证内地资源指数
	003625.OF	创金合信资源主题 C	2016-11-02	中证内地资源指数
	005402.OF	广发资源优选 A	2017-12-14	中证全指原材料指数
	005661.OF	嘉实资源精选 C	2018-10-22	中证内地资源主题指数
	005660.OF	嘉实资源精选 A	2018-10-22	中证内地资源主题指数
	010235.OF	广发资源优选 C	2020-09-24	中证全指原材料指数
	011068.OF	华宝资源优选 C	2020-12-23	中证内地资源主题指数
	005161.OF	华商上游产业	2017-12-27	中证上游资源产业指数
贵金属	001302.OF	前海开源金银珠宝 A	2015-07-09	沪深 300 指数
	002207.OF	前海开源金银珠宝 C	2015-12-02	沪深 300 指数
农业	001195.OF	工银瑞信农业产业	2015-05-26	中信农林牧渔一级行业指数
	001940.OF	农银汇理现代农业加	2016-01-29	中证大农业指数
	164403.OF	前海开源沪港深农业主题精选 A	2016-07-20	中证大农业指数
	003634.OF	嘉实农业产业 A	2016-12-07	申万农林牧渔指数
	001579.OF	国泰大农业 A	2017-06-15	中证大农业指数
	005106.OF	银华农业产业 A	2017-09-28	申万农林牧渔指数

华宝资源优选 A（240022.OF）自成立以来一直由蔡经理管理，荣获《中国证券报》"2018 年度三年期开放式混合型持续优胜金牛基金"。

前海开源金银珠宝 A（001302.OF）/前海开源金银珠宝 C（002207.OF）主要投资黄金、珠宝及稀有金属等防御性资产，可以看作是贵金属领域的指数增强型产品。

周期行业主动管理型基金的投资需要重视基金经理的投研背景。一般而言，由具有丰富的周期行业投研经验基金经理掌舵，持续跑赢业绩基准的基金值得重点关注。

▶第六节　关于行业轮动的讨论

不同行业因属性不同，在不同时间阶段可能有不同的市场表现。因此，部分以战胜市场为目标的投资者希望可以在不同的行业之间进行轮动切换，从而实现对行业的"高抛低吸"，以获取超额收益。

行业轮动的实施源于行业比较。行业比较不能有行业依赖和偏见，也不能完全主观选择行业，否则容易造成投资业绩的不可测。同时，需要具有稳定性和普适性的投资研究框架，使得长期维度的投资可持续、可复制。

机构流行的行业轮动投资方法之一是景气度投资，也可以称为"景气接力"。这一方法的核心是追求"业绩超预期"，认为业绩的加速增长让市场愿意给出乐观预期，乐观预期容易导致估值超预期，根据股价等于估值乘以每股盈利，由此可能带来股价大幅上涨的"戴维斯双击"。这类投资方法主要适用于科技、消费和周期板块，不太适合依据宏观判断的大金融板块。景气度投资方法也可以适用于主题投资，某一个主题往往由对应的多个行业构成。

景气度投资的维度主要有三个：一是行业景气变化，观察景气持续或景气反转。二是持续时间，一般要看三年景气。持续性较好的行业在当年年底容易切换到明年的估值，从而带来估值切换的投资机会。三是业绩超预期的概率。在前述基础上，最后考虑估值。在超预期概率较高的情况下比较不同行业的估值和业绩增速（PE/G），看谁的性价比更高。

在投资的过程中，需要持续开展行业比较，选择配置两至三年维度预期景气上行的部分板块，作为年度的核心研究任务。行业比较的频率相对较高，一般每季度至少一次，与上市公司季度报告披露相匹配。时间维度在两年以上偏中长期，持续的趋势使得右侧投资也能赚钱，从而减少因为频繁交易带来的冲击成本。配置板块的数量选择不能太多，通常是三至五个，适度集中提高赚钱概率，相对分散以便降低投资组合的波动率，减少单一板块看错后对投资组合的潜在损失。**纯周期行业的投资主要看供需改变带来的景气变化，核心是盯住产品价格。成长行业投资关注"长期大空间+短期高增长"。**新兴成长行业适用景气驱动和看长做短，不以永续成长作为投资要求，买三至五年的行业爆发性，例如半导体和新能源汽车。稳定成长类行业适用稳定的业绩增速加估值框架，例如大消费。周期成长行业适用传统的业绩加成长股估值方法，例如 TMT 中的大部分行业、地产链中的建材行业。这类行业一方面受益于原有核心业务基本面的景气上行，另一方面得到新业务带来的估值提升，存在通过双轮驱动上涨的可能。周期成长行业的底层逻辑依然是周期，需要注意止盈，其中仅有少数行业有机会进入新一轮的新兴成长阶段。在考量景气度和估值两方面因素时，通常而言景气度的趋势判断重于估值本身。如果景气趋势判断错误，估值再低也难以赚钱，股价可能越跌越贵。如果景气趋势判断正确，龙头公司容易超预期，股价可能越涨越便宜。一旦支撑行业景气的因子发生边际变差或市值上涨达到极度乐观情况，需要考虑对持仓板块进行卖出。景气度投资需要克服对价格大幅波动的恐惧，摒弃对行业的偏见，不断拓展能力圈。股价上涨为发掘景气行业提供了线索，股价下跌可能反映出基本面研究中的疏漏或基本面之外的负面因素。

另一种行业轮动的投资方法是产业趋势投资。景气度投资以追逐盈利的加速增长为锚，考虑的频率较高，例如月度或季度。一旦业绩连续几次不及预期，就会卖出。产业趋势考虑的周期更长，注重经济结构的变迁。产业趋势的确认包括盈利增长预期和事件驱动两方面[①]。如果事件驱动能够得到盈利增长预期（包括盈利增速和经营数据）的支持，则产业趋势的确定性和推动力度将非常强。一般而言，产业趋势会按这个过程进行确认：趋势逻辑显现→经营数据增长→盈利加速增长。通常来说，进入经营数据增长阶段才能有效确认产业趋势，否则只是阶段性的主题投资。产业趋势的辨识度对行情的幅度有重大影响。辨识度高，容易被大众认知接受的产业趋势，行情上涨幅度更大，蔓延范围更广。例如 2013—2015 年的移动互联网。辨识度低的则反之。

在产业趋势的投资策略方面，可以根据盈利增长的驱动力将不同行业分为类别板块，如表 8-14 所示。

表 8-14 产业趋势的类别板块划分示例

类别板块	驱动力	行业示例
金融地产	利率	银行、证券、保险、房地产
大消费	消费	食品饮料、医药、家电、汽车、家电、餐饮旅游、纺织服装、轻工、零售、农林牧渔
投资链	固定资产投资	煤炭、钢铁、有色、化工、建筑建材、机械、电力设备、交运、公用事业
科技创新	技术进步	电子、通信、计算机、传媒、军工、先进制造

---

① 邹曦. 19 年淬炼产业趋势投资体系［EB/OL］.（2020 - 04 - 27）［2022 - 03 - 18］. https://baijiahao.baidu.com/s? id = 1665081843991261904&wfr = spider&for = pc.

　　只有在驱动力不同的板块之间进行分散配置，才能更好地实现组合管理的分散化。各类别板块有效覆盖社会经济生活的不同方面，可以充分体现社会经济的进步。类别板块间的比较属于资产配置，着眼于在类别板块内部对驱动力相同的行业进行比较，属于行业轮动。通过短期因素判断盈利增长的趋势，与市场一致预期比较，分析偏离预期的可能性。通过长期因素判断估值中枢的变化，与现有估值水平比较，寻找偏离合理估值的机会。

　　在具体应用层面，可以结合行业比较模型对行业选择超低配，如表8-15 所示。基于短期因素判断盈利增长与预期的偏离，超预期为"+"，低于预期为"-"。估值水平与历史中位数进行比较，高于历史中位数则为"+"，低于历史中位数则为"-"。基于长期因素判断估值中枢的变化，上移则为"+"，下移则为"-"。

表 8-15　**产业趋势投资的行业比较模型**

盈利增长预期	短期因素	估值水平	长期因素	配置建议
统计并比较市场一致预期	+	+	-	平配，权衡估值下降空间和盈利超预期幅度
	+	+	+	超配，测算估值上限
	+	-	-	超配，测算估值下限
	+	-	+	大幅超配
	-	+	-	大幅低配
	-	+	+	低配，测算估值上限
	-	-	-	低配，测算估值下限
	-	-	+	平配，权衡估值提升空间和盈利下降极限

　　无论是景气度投资还是产业趋势投资，都不是万能的行业轮动致胜法宝。投资方法只能给出大致的方向，最后都要依靠市场验证，投资体系和框架也需要根据市场情况不断迭代升级。此外，行业轮动的投资周

期是需要关注的重要因素，以季度或年度为时间维度在投资方法上有所不同。短期的市场波动是投资体系需要接受的。

投资笔记

　　市场长期方向依赖于行业大趋势和企业主动创造价值的能力。

　　机构投资基金需要和直接投资股票的基金经理拥有共同的话语体系。

　　判断一个行业是否属于好行业，一是行业空间是否足够大，二是行业是否容易赚钱。行业研究的重点是需求和供给。传统行业看供给，新兴行业看需求。

　　优选量价齐升的行业，因为其成长空间大，定价能力强；其次选平价放量的行业；再次选量稳价增的行业，可以是抗通胀的成熟行业；然后选量增价跌的行业，即无壁垒的成长行业，虽然其最终的价值可能较低，但其具备阶段参与价值；最后选量价齐跌的行业，也就是夕阳行业。

　　市场特征分析的着眼点在于行业的一致性和异质性。这是行业主题基金投资的重要逻辑。

　　影响金融地产行业投资逻辑的最大变量来自政策定力和跨周期调节的时间久期。金融地产类上市公司行业联动性强，选股的决定性因素相对小于其他行业。

　　消费品公司股价驱动因素在于业绩。医药基金防御性和成长性兼具，主动管理型基金的持仓经常超配。科技股投资，最大的难点、魅力和超额收益的来源，都是"变化"。科技股投资，买的是行业发展空间和景气度，赚的是估值提升的钱。

　　机构流行的行业轮动投资方法是景气度投资，也可以称为"景气接力"。这一方法的核心是追求"业绩超预期"。

产业趋势的辨识度对行情的幅度有重大影响。行业轮动的投资周期是需要关注的重要因素，以季度或年度为时间维度在投资方法上有所不同。短期的市场波动是投资体系需要接受的。

总结篇

    每个人都是自己的基金经理。投资修行日深，需要审视自己更加适合哪一种风格。基金投资的"剑宗"和"气宗"有何不同？相对收益和绝对收益究竟谁更重要？总结篇对投资江湖中一些误区、争议、无奈和难以两全的问题进行了思考和讨论。投资的修行是不断自我迭代的过程。这不是结束，而是新的开始。

第九章

投资有道：问渠哪得清如许

纸上得来终觉浅，绝知此事要躬行。投资是认知的变现，兼具科学与艺术的属性，这使得投资成为因人而异的事情。对于投资者而言，过往的投资实践案例有利于进行参考和复盘，就像围棋爱好者根据经验不断精进自己的棋路一样。本部分内容列举了一些投资的实践案例，通过适当改编，力求保留关键内容，仅供学习参考和学术交流之用，不代表任何机构和个人的投资观点，希望能够对投资者有所启发。

▷第一节　基金经理生而不同

《孙子兵法》有言："凡战者，以正合，以奇胜。"守正出奇是投资组合构建中见仁见智的话题。

许多投资者根据自身观察到的基金净值走势相近，进而认为基金经理大多千篇一律。事实上，基金经理确是生而不同，即便是业绩相近的基金经理，他们产出净值曲线的投资过程依然各有千秋。

出于投资实战和组合构建的需要，前文在对基金经理进行门派分类的时候，从自上而下的逻辑，将基金经理归入个股专家、行业专家、配置专家三类。然而，千里马常有，而伯乐不常有，通常只有路遥才能知马力。因此为了投资体系的进一步完备，基于自下而上的逻辑，前文也将基金经理分为白马和黑马。"身骑白马，挖掘黑马"成为机构投资者投资基金的高阶路径，进一步衍生为"白马守正，黑马出奇"。

白马基金经理、黑马基金经理与白马股、黑马股有异曲同工之处。白马基金经理的历史业绩良好，具备市场知名度，风格明晰，机构投资者了解或认可程度较高。这类基金经理通常管理规模较大，机构投资者一般将其作为投资组合的底仓配置，获取市场的平均收益。白马胜率高，黑马赔率大。黑马基金经理的历史业绩尚未被市场充分验证或认知，但其优点是拥有潜力和成长空间，在特定领域具备相当的专业性，只是普通机构投资者的关注度或了解程度有限。这类基金经理是为投资组合贡献超额收益的重要来源。黑马基金经理的挖掘来自广度覆盖、深入研究和持续跟踪。黑马基金经理对投资组合的业绩贡献需要以时间换空间，规避主流偏见。

非常值得一提的是，尽管我们对基金经理进行了个性化的分类，但仍需要规避标签化导致认知的极端化。基金经理是生而不同的，客观市场是复杂多变的。根据他们的显著特征而采取标签分类仅仅是出于投资实战需要的一种研究方式。

正是因为基金经理生而不同，**在投资组合的构建过程中，需要注重基金经理的异质性与机构投资者约束条件的匹配度**。机构投资者的投资体系包容性决定了其是否可以在投资组合中对黑马基金经理投注以及投注多少。看表演是容易的，一旦要为表演付费似乎就不那么美妙了。优秀和潜在优秀的基金经理都是时间的朋友。站在客观的角度，长期主义的理念对许多机构投资者是一种奢望。除了主观因素外，极强的客观束缚也持续干扰机构投资者的定力。即便基金经理能坚持长期主义并接受短期波动，但作为潜在持有人或实际持有人的机构投资者是否可以坚持还需要讨论。机构投资者对确定性的追逐似乎是一种共识，马太效应下白马基金经理的管理规模日益增大，从而市场上出现部分基金大而不涨或者大而不跌的情况。白马基金经理需要继续沉淀，黑马基金经理需要不断成长。而成长除了需要时间，还需要投资者的加持。不然纵使会屠龙之术，也无英雄用武之地。投资其实在某种程度上是对不确定性进行选择。未来市场仍将存在许多的不确定性。不确定性是中性词。机构投资者需要在未来的投资进程中将自身的投研体系不断完善和精进，积极拥抱不确定性，从而更好地受益于"基金经理的生而不同"。

基金经理并不一定"非黑即白"，但基金经理的确生而不同。

▷第二节　买高低与选大小

市场上有一种说法，"'恐高'，是散户的通病。"这说的是散户对高价股似乎有着天生的恐惧感。事实上，"恐高"并不是个人投资者的"专属"。即便是许多机构投资者，在投资基金时担忧前期净值涨幅过高，希望等回调时再买也是常有之事。

买高还是买低？这是一个触及高低三问的讨论。

第一问，同一位基金经理管理的不同产品净值为何存在高低差异？如果是采用相同的投资策略，因产品成立时间或基金经理管理时间造成基金净值的差异，那么从本质上来说投资不同基金区别不大。当然，基金规模的明显差异会使得新股收益对基金净值的贡献有所区别。如果是采用不同的投资策略，则需要另外分析，结合投资约束条件进行判断。

第二问，不同的基金经理管理的产品净值表现在相同时期为何存在高低之别？这涉及对基金经理的研究和选择，高低本身仅是外在现象而非本质。

第三问，如果一只基金净值前期涨幅过高是否值得继续投资？投资基金的初衷看重的是基金经理主动的投资管理能力或相应板块的投资机会。如果前期的投资逻辑没有发生根本变化，不应轻易改变投资行为。即便是后续可能有一些波动或回撤，那是投资体系需要接受的。换句话说，买基金买的不就是基金经理可以为投资者创造价值的管理能力吗？

如果基金经理的能力得到市场认可，基金净值自然会上涨。那为什么要"恐高"呢？如果担心后续回撤，希望卖在高点买在低点，这涉及投资者择时层面的操作了，与基金经理和基金产品本身关系不大。精准的择时是一件难度非凡的工作，即便对于深耕市场的机构投资者来说也难言完全精通。保守的做法是可以考虑分批买入和分批卖出，放弃精准择时。投资持有知易行难。

除了高低之问，许多投资者亦有大小之忧。

有人认为："买基金（基金经理）要买大的，大的资源多。"那么，到底选大还是选小？

关于大小的烦恼涉及两个维度。

第一个维度是基金规模的大小。同一位基金经理管理的基金，规模不同如何选择？如果是采用相同的投资策略，在满足适当流动性和投资约束的前提下，小规模的基金可能更为占优。因为打新增强的收益贡献相对明显。当然，对于投资规模大到一定程度的投资者而言，小基金难以买到量，适度分散到大基金是合宜的选择。不同基金经理管理的基金规模各异，大小如何选择？这在一定程度上反映了过去市场对于基金经理的认可度，管理规模大的基金经理在特定时间节点得到更多资金的青睐。但这不是做投资决策要考虑的首要因素。忘掉规模，回到对基金经理本身的研究，回到对基金经理投资能力的考量，据此进行投资可能是更好的选择。基金经理本身是不断成长和变化的，潜龙在渊是常有之事。

第二个维度是基金公司平台或名气的大小。大平台投研团队配备齐全，管理规模大，研究资源丰富，是很多投资者通常情况下的选择。知名平台本身存在品牌效应，能够吸引众多投资粉丝。小平台或不知名的平台，兵少将寡，粮草不富，相关投资条线的资源支撑少，若是没有好股东或伯乐，起步艰难，人才难出。那投资究竟更应该看基金公司平台还是看基金经理呢？在给出答案之前，我们一起先看另一个问题。有的基金经理在大平台业绩并不突出，但去了所谓的小平台或新平台，业绩开始凸显。有的基金经理在小平台业绩突出，但跳槽去了所谓的大平台或知名平台后，管理了新产品，投资业绩却陷入"等待期"。这都是为什么呢？第五章第四节"谁对投资组合的贡献最大？"相信能给出一些启示。平台和基金经理之间，没有绝对的优劣之分，但如果平台和基金经理之间无法融合共鸣，从而产生帕累托改进，那实际的意义就将大打折扣。投资基金，投资的是背后创造价值的基金经理。

不因高低交易，不争大小之辩。投资贵在知行合一，追寻本质。

▷第三节　底层逻辑驱动收益分化

对于无论是以绝对收益还是相对收益作为考核基准的机构投资者而言，2018 年都是一个难忘的投资年。许多投资经理和基金经理在这一年年底做出的不同选择，也决定了他们 2019 年的不同结局。

历经了 2017 年市场的大小盘风格的冰火两重天，市场有观点认为这是价值投资的元年。2018 年元旦后上证指数加速上行，连续的上涨不断击穿许多投资者的心理底线。从 2018 年 1 月 2 日到 1 月 26 日，19 个交易日中除了 2 天外，大盘均收出阳线，一路从 3 300 点上涨到 3 500 点。然而，从 1 月 26 日开始，市场拐头向下一路跌到 3 000 点附近，反弹后一路抵抗式下跌，到 2018 年年底收盘在 2 500 点以下。

相对收益的投资者普遍仓位很高，因为要跟上市场的节奏。从最后结果来看，这一年无论期间在持仓结构上如何调整，选择什么样的基金产品，终究是绝对收益损失惨重。

绝对收益的投资者在市场开启下跌的过程中，不断降低了仓位，因为要控制风险。从最终结果来看，绝对收益损失不大，相对收益突出。

越接近2018年年底和2019年年初，机构的分歧越不断凸显。一部分认为市场机会在酝酿，应当逐步提高权益仓位。另一部分认为市场的下跌并未见底，需要继续规避风险。

不同于2018年，2019年尽管上半年市场上涨，但第二季度市场调整后宽幅震荡到第四季度。这一年，是相对收益投资者的大年。持续保持较高仓位，使其不仅获得了市场的平均收益，选择优质的基金经理也给他们带来了显著的超额收益。就绝对收益投资者而言，这一年是分化的一年。中枢仓位的高低决定了最终收益的优劣，而结构一定程度上优于仓位。这一年的冠军基金经理的基金收益是翻倍的。而他后来管理的基金规模，远远不止翻倍。

投资的目标和投资的底层逻辑是使投资者最终收益不同的根本原因。2018年是失望之冬，因为市场下跌了很多。但2018年更是希望之春，正是因为市场的大幅下跌，才使得优质资产有了更好的买入价格，那些敢于在左侧不断买入的基金经理最终得到了市场的回报。

投资江湖中有一句话，"悲观主义者永远正确，但只有乐观主义者才能使得这个世界变得更好"。

▶第四节 投资未动，计划先行

机构投资者通常会根据不同的时间周期制定不同的基金投资策略，从而应对不同的市场环境和投资目标。正所谓"先胜而后求战"，个人投资者在投资基金之前制订投资计划，是基金投资的重要步骤，有利于改善投资体验。不同的个人投资者具有不同的约束条件，从而筛选专属于自己投资风格的基金经理。投资计划最好是列在纸面上，以便后续的复查和改进。

第一步，就是要了解自己。一方面，了解自己的风险偏好，知道自身的风险承受能力，以便挑选合适的基金品种。风险偏好的了解可以通过天天基金等购买平台的问卷或者互联网等渠道获得。直观的方式就是，问自己假如一笔投资亏损了，能承担多大比例的损失而不觉得百爪挠心，是20%，还是50%，抑或是其他？另一方面，分析自己的现金流情况。当前的资产情况，每月的收入和支出，投资的时间周期或者该笔投资的退出时间，投资的目标等都需要一一厘清。如果是短期，比如一年以内要用到的钱，最好是以流动性投资工具比如货币基金、短债基金或者银行存款为主。如果是中期，比如一年至三年不使用，可以考虑适当投资股票基金和混合基金。如果是三年以上的投资周期，那可以考虑以股票类基金为主。至于股票类基金投资多少比例，可以根据自身的风险偏好和投资目标综合设定。**对于长期不用的钱，有一个经验法则是采用以 100 减去投资者年龄，来考虑投资股票类基金的比例。**

第二步，选择投资方式。到底是选择一次性买入，还是分批投资，抑或是采用基金定投的方式？在第一步得出清晰的答案后，这一步可以适当结合市场的情况而定。如果股票市场非常火热，估值泡沫很高，要入市的话就可以考虑分批投入或定投。如果市场低迷、低估甚至极度低估，投资者风险偏好高，对于不想频繁操作且是长期不用的钱，则可以考虑一次性投资。普通的投资者如果希望强制储蓄并较少预测市场的话，可以考虑定投的方式。**一般的经验是定投可以考虑按月定投或者按周定投。定投的金额可以是扣除每月开销后，剩余资金的一半。**

第三步，选择投资的期限。在做投资之前，要问清楚自己的投资到底是短期、中期还是长期。在股票类基金的投资范畴里，短线比的是跑得快，需要把握主要题材热点。中线比的是买得低，需要选择合适时机进入。长线比的是逻辑硬，需要把握住股票基本面或者筛选出好的基金经理。没有金刚钻不揽瓷器活。千万不要出于投机心态博短线，但又因为亏损选择长期持有，以至于需要用钱的时候丧失流动性。投资期限越长，潜在收益高的基金值得考虑；投资期限越短，就需要考虑稳妥的工具产品。认清自己的承受能力和认知自己的能力圈，在投资中是一件很重要的事情。

第四步，选择投资的品种。指数型基金和主动型基金并没有孰优孰劣。简单来说，买主动基金是挑人，买指数基金是挑指数。如果投资者对于基金经理充分了解并且信任，可以以主动基金为主。如果投资者希望所投即所得，不用分析基金经理，可以考虑以指数基金为主。这里有一点需要注意，无论是指数基金还是主动基金，最好是选择能够中长期上涨的品种。因为长期往上的贝塔可以熨平部分买在阶段顶部的浮亏，从而最终通过时间的复利达到投资效果。

第五步，根据既定投资策略进行投资。每隔一段时间检验执行情况和投资结果。复盘自己的投资过程，看是否需要优化改进。

持有优秀的基金，把自己变得优秀，做时间的朋友，复利终将给予回报。

投资未动，计划先行。

▶第五节 冠军基金的"魔咒"

基金市场上流传着一句话："冠军基金有'魔咒'。今年的第一很有可能是下一年的倒数第一。"不知几时起，"冠军基金不能买"自然而然地成为许多投资者的主观认知。那么，冠军基金到底能不能买呢？

投资是认知的变现，但是主观认知最终要服从于市场的真实表现。我们对过往 10 年（2010—2019 年）的冠军基金收益情况进行了统计，见表 9-1。不考虑申购赎回费以及单日的摩擦成本，在每一年的第一个交易日买入上一年度的冠军基金一直持有，中间不做任何操作，到次年的第一天又置换到上一年的冠军基金上去，这样每年都能获得上一年度冠军基金在次年的完整收益，得到的结果与市场的主观认知大相径庭。

表 9-1　冠军基金收益情况

年份	冠军基金代码	冠军基金名称	基金当年收益率/%	基金次年收益率/%	冠军基金次年排名
2010 年	540007. OF	汇丰晋信中小盘	8.60	−33.56	10/10
2011 年	340006. OF	兴全全球视野	−13.89	4.52	7/12
2012 年	450009. OF	国富中小盘	24.97	−8.18	16/16
2013 年	540010. OF	汇丰晋信科技先锋	48.67	4.61	16/19
2014 年	540006. OF	汇丰晋信大盘 A	60.25	35.18	41/54
2015 年	000471. OF	富国城镇发展	104.58	−11.87	74/147
2016 年	001736. OF	圆信永丰优加生活	17.96	24.53	66/199
2017 年	110022. OF	易方达消费行业	64.97	−23.47	122/268
2018 年	003853. OF	金鹰信息产业 A	4.02	62.40	69/329
2019 年	003745. OF	广发多元新兴	106.58	63.46	170/393
2020 年	540008. OF	汇丰晋信低碳先锋 A	134.41	51.59	33/539
投资冠军基金轮动绝对收益率/%			101.04		
投资冠军基金轮动年化收益率/%			7.23		

以下内容试图从三个方面回答前述冠军基金能不能买的问题。

第一，是否存在"冠军魔咒"？

历史上存在"冠军魔咒"。2010—2014 年，当年的冠军基金在次年的业绩常常垫底。但是这一现象从 2015 年开始改变，当年的冠军基金在次年的投资业绩排名依然相对靠前，开始产生强者恒强的特性，打破了历史上的"冠军魔咒"。

第二，滚动买入冠军基金是否能够获得收益？

从 2011 年年初开始，买入上一年的冠军基金滚动持有到次年年初切换到新一期的冠军基金，持续到 2020 年年底。结合表 9-1 来看，即投资汇丰晋信中小盘基金（540007.OF）开始，轮动到投资广发多元新兴（003745.OF）持有一年结束。10 年期间的累计投资回报超过 1 倍，年化收益率为 7.23%，跑赢大部分银行理财，跑赢同期沪深 300 指数，跑赢同期股票基金指数。为了规避数据的时间窗口效应，我们尝试将所有的基金买入时间调整到当年的第一个交易日，持有至次年的同一时间切换，最终的投资收益率为 1.11 倍，年化收益率为 7.8%。如果是投资时间延长，轮动到汇丰晋信低碳先锋 A（540010.OF）后持有至 2021 年 12 月底，收益率会显著更高。

第三，怎么看待冠军基金投资策略？

冠军基金投资策略的回测数据显示出赚钱效应。那么应当如何看待这个投资策略呢？一是要获得历史所谓的最终收益率，需要坚持这个投资策略，无论市场如何改变。二是持有时间足够长，中途不能下车。历史数据显示出最终的收益率很大部分是 2015 年后获得的，长期主义才能够将投资策略的收益变成投资者的收益。三是过往投资策略的有效性不代表未来依然持续有效。此处的冠军基金投资策略的历史回测仅出于研究和讨论之目的，无法对策略未来的有效性做出预测。冠军基金让投资者关注到基金经理，为投资者提供了新的参考。未来买入是否可以继续赚钱为投资者创造收益，需要对基金经理和基金产品做出评估。

为了更为立体地分析"冠军魔咒"问题，我们对垫底基金进行了相同的研究并进行对照。将过往 10 年（2010—2019 年）的垫底基金进行了统计，见表 9-2。

表 9-2　垫底基金收益情况

年份	垫底基金代码	垫底基金名称	基金当年收益率/%	基金次年收益率/%	垫底基金次年排名
2010 年	162208.OF	泰达宏利首选企业	-10.35	-21.69	7/10
2011 年	540007.OF	汇丰晋信中小盘	-33.56	1.44	10/12
2012 年	110022.OF	易方达消费行业	-2.28	17.40	8/16
2013 年	450009.OF	国富中小盘	-8.18	32.33	5/19
2014 年	540009.OF	汇丰晋信消费红利	-5.54	16.74	51/54
2015 年	000828.OF	泰达宏利转型机遇 A	-11.84	-16.79	98/147
2016 年	000893.OF	工银瑞信创新动力	-36.94	-11.15	188/199
2017 年	162107.OF	金鹰量化精选	-17.62	-29.36	198/268
2018 年	519606.OF	国泰金鑫	-47.95	58.61	87/329
2019 年	005669.OF	前海开源公用事业	8.34	56.99	204/393
2020 年	006106.OF	景顺长城量化港股通	-2.67	0.59	481/539
投资垫底基金轮动绝对收益率/%			87.37		
投资垫底基金轮动年化收益率/%			6.48		

不考虑申购赎回费以及单日的摩擦成本，在每一年的第一个交易日买入上一年度的垫底基金一直持有，中间不做任何操作，到次年的第一天置换到新一年的垫底基金上去，假定获得上一年度垫底基金次年的完整收益。尽管样本有限，但依然得到一些有意义的发现。

结合表 9-2 来看，从投资泰达宏利首选企业（162208.OF）开始，轮动到投资前海开源公用事业（005669.OF）并持有一年结束。10 年期间的累计投资回报小于 90%，年化收益率为 6.48%，跑输冠军基金投资策略，跑输同期股票基金指数，但跑赢大部分银行理财，跑赢同期沪深300 指数。在 2010—2019 年的 10 年中，当年垫底的基金次年能够绝地反击、排名靠前的概率为 30%，并不高，仅有 2012 年的易方达消费行业次年排名前 50%，2013 年的国富中小盘次年排名前 30%，2018 年的国泰金鑫次年排名前 30%。从这些样本数据对比前述的冠军基金数据来看，强者恒强的概率高于弱者变强的概率。此外，无论是买垫底基金押注次年反击，还是买冠军基金期待强者恒强，两种投资策略在历史上都是赚钱的，这更加说明了国内的基金经理存在主动管理能力，具备明显的阿尔法属性。

市场一直在变，不变的就是市场的变化。历史上的"冠军魔咒"被打破，新的投资规律正在形成。一切都在等待投资者去发现。

▶ 第六节　基金投资的"剑宗"和"气宗"

在《笑傲江湖》当中，华山派曾有"剑宗"和"气宗"之争。"剑宗"以练剑为本，强调快；"气宗"以练气为本，强调强。"剑宗"入门快，进展快，但到了一定程度就很难进步；"气宗"入门慢，但后劲无穷。"剑宗"重招式，"气宗"重内力。

基金投资领域也有两派，"剑宗"重视基金产品的工具化，动辄强调基金经理"投资风格"的稳定性高、上手快，在赛道化的市场环境中一旦押对板块，容易产生一剑封喉的威力。"气宗"看重基金经理的主动性，更加注意基金经理的选择和配置，淡化行业和赛道属性，少有奇招，看重中长期产生的复利效果。

"剑宗"可以看图买基金，一旦深陷容易"走火入魔"，要市场变化及时调整。"气宗"重视基金经理的长期性，市场风格不在的时候需要忍受寂寞。

无论是"剑宗"还是"气宗"，当修炼到极致的时候都需要寻求突破。"剑气融合"成为基金投资进阶的方式。更有甚者，在"剑气融合"后，打通前往底层资产投资的"任督二脉"，成为股票、基金投资两者双修的高手。

修习"剑宗"，需要熟悉基金的行业和赛道，行业和主题型基金适合作为投资品种。紧密跟踪行业景气度和市场热点，贝塔收益强于阿尔法收益。修习"气宗"，需要理解基金经理的投资理念，主动型和策略类基金可以参考。把握基金经理投资风格的稳定性和持续性，阿尔法收益强于贝塔收益。

一旦开始朝着"剑气融合"的方向迈进，客观理解基金经理和底层所投资产的能力，就成为投资进阶所至程度的重要决定性因素。

理解基金经理看似简单，其实不然。部分投资者在与基金经理的交流中，注重权益仓位、行业结构、换手率等指标或市场看法等观点，翻来覆去地讨论。这是投资的第一层思维。如果执着于第一层思维，难免有些"着相"。要想进一步理解基金经理，需要用到投资的第二层思维，拥有一套与基金经理共同的话语体系。换句话说，要有同理心。曾经担任过投资经理/基金经理的人理解基金经理相对容易，能够尝试站在基金经理的角度去理解基金经理的投资逻辑。

很多基金公司或者机构投资者在给基金经理进行风格划分的时候，喜欢用价值、成长、价值成长（GARP）等投资策略进行分类。但是这种分类在基金投资的实操性或者实用性上来说容易让人陷入迷茫。且不说价值、成长、价值成长的界限如何厘清，首要的一点是要尊重基金经理的自我意愿。不要怀着一种"我要我觉得"的心态，而应该是"我要你喜欢"的理念。首先了解基金经理对自我投资风格的定位，再结合投资实际进行二次细分。从投资的实战角度来看，将基金经济分为个股专家、行业专家、配置专家是一种值得参考的分类方式。

在建立与基金经理共同话语体系的时候，理解底层资产就逐渐成为一件可以实现的事情。从宏观策略到行业研究，从公司发现到估值定价，最终落脚到投资组合的构建。作为基金投资者也许在底层方面的研究无须像基金经理一般深刻，但是掌握部分基础的研究范式对于基金投资有益无害。不管是自上而下，还是自下而上，探讨实际的投资脉络有助于为基金经理和基金投资者双方提供启发。

不管入门之初选择加入"剑宗"还是"气宗"，最终在进入高阶基金投资的时候，对市场整体的研判、行业和板块的把握、基金经理的挖掘、被动投资和主动投资产品的选择等，能够形成合力，从而构成立体的投资框架，"剑气融合"驱动基金投资者形成投资逻辑。

▶ 第七节 相对收益与绝对收益的两难

理想的投资收益实现路径具备高、低、大的三重特征。"高"是指的投资收益高，"低"是净值曲线回撤小，"大"意味着投资策略资金容量大。然而在现实的投资中想要同时将这三者兼具可谓难上加难，鲜有闻之。要知道这样完美的投资策略几乎可以将市场上大部分的资金都吸纳。从幸存者偏差的角度来看，一年一倍很多，三年一倍确实少。投资最重要的是复利，通过可持续可复制的方式，方能在长跑中胜出。

许多机构投资者的考核目标大致分为相对收益和绝对收益两大类。相对收益看重业绩弹性，追求"高收益"。绝对收益在意净值稳定，关注"低回撤"。两类目标的投资实现路径往往有所差异，着重于一类目标深度精修，相对具有实操性。如果要两类并重不分主次，于普通人而言精进不易。既要相对收益，又要绝对收益，同时实现高收益和低回撤，是基金投资中面临的两难境地。能同时实现的基金经理可谓是稀缺资源。

我们对过往 11 年（2010—2020 年）偏股混合型基金的表现进行了统计。以年度收益率作为收益指标，以年度最大回撤率作为回撤指标。年度收益率最高的基金在相对收益中胜出，年度回撤率最低的基金在绝对收益中胜出。以此观察高收益和低回撤在基金中的持续性。

首先，在超过 2 000 多只基金的样本中，仅有不到 40% 的基金曾经在年度收益率或最大回撤两类指标中有一次进入同类排名前 50%。也就是说，单一年度在收益或回撤的单项指标上超越全市场平均水平的基金仅有三分之一稍多。这与许多投资者的模糊印象中认为应有二分之一相差甚远。

其次，从收益指标来看，没有基金连续每年都排名同类前 50%。拥有九个年度排名前 50% 的基金仅 3 只，占比约 1‰。拥有六个年度排名前 50% 的基金占比小于 7%。拥有五个年度排名前 50% 的基金占比小于 10%。拥有三个年度排名前 50% 的基金占比小于 20%。也就是说，如果能够连续三年业绩排名全市场前 50% 的基金，已经可以归入全市场前五分之一的优秀行列了。

然后，从回撤指标来看，连续每年回撤控制能力都排名同类前 50% 的基金占比小于 1‰。拥有九个年度回撤控制能力排名前 50% 的基金占比小于 1%。拥有六个年度回撤排名前 50% 的基金占比小于 6%。拥有五个年度回撤排名前 50% 的基金占比小于 9%。拥有三个年度回撤排名前 50% 的基金占比小于 15%。如果连续三年回撤控制能力排名全市场前 50%，足以进入全市场前五分之一的行列。

最后，我们将收益指标和回撤指标放到一起综合考察，两项指标在单一年度均排名前 50% 的基金入围率小于 25%。没有基金两项指标连续每一年都排名同类前的 50%。样本数据中最好的记录是拥有八个年度两项指标同时排名前 50% 的基金，其占比小于 5‰。拥有六个年度两项指标排名前 50% 的基金占比小于 2%。拥有五个年度两项指标排名前 50% 的基金占比小于 4%，拥有三个年度两项指标排名前 50% 的基金占比小于 11%。如果能够连续三年在收益和回撤两项指标上同时做到全市场前 50% 的基金，几乎可以归属到全市场前十分之一的高手行列了。

历史数据显示，同时追求高收益和低回撤，超越市场平均水平在单一年份实现的概率小于四分之一。单独追求高收益或者低回撤，超越市场平均水平在单一年份实现的概率小于三分之一。

投资结果不能只看表面。历史数据回溯的结果显示，短期超越市场也许容易，但要长期超越市场却异常艰难。既要相对收益，又要绝对收益的双重指标，一定程度上是动力但更是枷锁。能够在单一领域不断取得成果的基金经理是值得尊敬的，因为他们在坚持自己投资体系的过程中克服了许多不为人知的困难。很多基金经理在业绩落后的时候并非不作为，而是坚守自己的投资本心，不乱作为。长期有效的投资策略很可能在短期乃至于中期失效。投资者需要理解基金经理在投资中的两难境地，给予在某些时间暂时落后市场的基金经理多一点耐心。

▶ 第八节　放下执念，画好曲线

机构投资者的重要工作之一是画好投资组合的净值曲线。当买入一只基金时，这只基金便进入了投资组合。过了一段时间之后，这只基金在投资组合中的表现将分为绝对收益和相对收益两个维度。从绝对收益来看，基金的收益状态不外乎是正收益、无收益和负收益。从相对收益来看，基金的收益状态与投资组合整体收益相比，分为跑赢、跑平和跑输。因此，整体基金的收益表现就是"正收益、无收益、负收益"和"跑赢、跑平、跑输"几种状态的结合。

在卖出基金前，该基金的账面收益都是浮动收益。投资者对持有的基金进行动态跟踪，在面临不同的收益状态时进行再评估，从而在"加仓、持有、减仓"三个选项中做出权衡。对于正收益的基金产品来说，减仓留住利润对多数人来说没有障碍。对于负收益的基金产品来说，加仓以便快速回本是部分投资者心中的想法。对于无收益的基金产品来说，投资者要思考是不是继续持有，毕竟占着仓位不上涨就付出了机会成本。对于跑赢组合整体收益率的基金产品，投资者为能不能持续而担心不已。对于跑输组合整体收益率的基金产品，投资者为能不能反转而备受煎熬。对于跑平组合整体收益率的基金产品，投资者为能不能改进感到忧虑。这几类投资心理通常是考核压力所致，属于持仓"执念"，它们的初衷都是希望画好净值曲线。事实上，理性的机构对于一个投资组合中的持仓基金，做出调整的投资决策并非是凭主观感受，而是基于可解释、可复制、可持续的系统投资理念。

首先，投资组合的净值加速上涨来源于强者恒强。换句话说，市值加权的指数经常能够迅猛地上涨，在于其天然的"上涨的股票不减仓，下跌的股票不加仓"的逻辑。沪深300指数作为许多机构投资者的业绩基准，选取沪深两市中市值和流动性排名前300的股票组成。前期形成的个股仓位占比，在没到定期指数调整前，如果成分股上涨自然仓位变高，成分股下跌则自然仓位变低。如果上涨的股票持续上涨，则类似于"越涨仓位越重，仓位越重的股票涨得越好"，由此推动指数的加速上涨。多只基金构成的投资组合类似于一个指数，在进行结构调整的时候需要考虑组合净值贡献度的因素。如果前期的投资逻辑没有变化，则不应该为了锁住持仓利润的执念而提前减仓。至于是否应该在持仓的基金有盈利时进行加仓，则应该站在新的时间阶段结合市场情况重新审视这笔新的投资，否则容易"浮盈加仓，下跌亏光"，在市场调整时将前期的盈利回吐出去。

其次，投资组合的净值稳定需要均衡配置。组合先上涨再下跌，涨跌幅相同，主观直觉认为涨跌相互抵消从而组合的净值波动为零。事实与之相反，涨跌的不对称导致组合收益率存在差异。举例来说，如果投资组合连续 5 天涨 10%，再连续 5 天跌 10%，则投资组合的收益率是亏损约 5%。如果投资组合连续 5 天涨 5%，再连续 5 天跌 5%，则投资组合的收益率是亏损不到 2%。同样都是先涨后跌，幅度更小的，回撤更小。因此，确保投资组合净值上涨需要降低组合净值的波动率，而这需要均衡配置，分散持仓。将投资组合中的基金尽量分散在不相关的板块或采用不同的投资风格，通过对冲风险避免某一板块过重而净值大幅波动，损耗投资组合的稳定性。

再次，投资组合中的基金品种调整是基于逻辑而不只是基于收益。一般情况下，卖出持仓中的一只基金有三个理由。一是看错了，基金买入后表现与前期的研究结论完全不同。即便是赚钱了，也要再评估是否继续持有。错误的研究即便暂时赚钱，最后也会偿还。二是收益达到预期目标不再持有。三是投资逻辑发生变化，例如基金策略变更或基金经理离职。对于持仓中【正收益，跑赢】和【负收益，跑输】两种极值，应该进一步加强跟踪，与期初的投资逻辑进行对照。市场上有观点认为所有的基金表现最后都会均值回归，即"强者变弱，弱者变强"。而机构投资者的重要任务就是寻找到少数不符合均值回归特征的优质品种，这是为投资组合长期贡献绝对收益的重要来源。否则，频繁调整持仓基金，看似辛苦，实则本末倒置，忽略了更具投资价值的工作任务。

最后，投资组合的持续收益来源于投资经理的良好心态。投资经理的良好心态需要系统训练。"善战者无赫赫之功。"作为长期深耕证券市场的投资经理需要在长跑中胜出。而大部分机构的考核目标是"既要又要还要"。我们统计了 2005—2021 年成立满三年的权益基金，共计 3 000 多只基金的业绩表现，其中，连续每年收益超过沪深 300 指数的基金数量小于5%，连续每年收益超过沪深 300 指数 2% 的基金数量小于 2%。在剔除掉有不同份额的基金和由相同的基金经理管理的基金后，这样的占比只会更低。看起来战胜沪深 300 指数的小目标很容易，事实上却非常艰难。无论面临什么样的市场环境和考核目标，作为基金投资组合的投资经理，需要坚持初心，将力争做好投资业绩的持续性和投资风格的稳定性作为首要目标，而不必太在意短期收益或业绩排名。当然，这里有一个前提是投资经理的坚持可以让他持续在市场上生存，而不至于丢掉投资饭碗。这需要机构投资者在管理体系中对考核机制进行相应调整，相互理解，从而实现机构投资者本身和投资经理的双赢。

无论是机构投资者整体还是投资经理个体，都需要放下执念，从而画好净值曲线。

投资笔记

黑马基金经理的挖掘来自广度覆盖、深入研究和持续跟踪。黑马基金经理对投资组合的业绩贡献需要以时间换空间，规避主流偏见。

机构投资者对确定性的追逐似乎是一种共识，马太效应下白马基金经理的管理规模日益增大，从而市场上出现部分基金大而不涨或者大而不跌的情况。

精准的择时是一件难度非凡的工作，即便对于深耕市场的机构投资者来说也难言完全精通。保守的做法，可以考虑分批买入和分批卖出，放弃精准择时。

忘掉规模，回到对基金经理本身的研究，回到对基金经理投资能力的考量，据此进行投资可能是更好的选择。

不因高低交易，不争大小之辨。投资贵在知行合一，追寻本质。

投资的目标和投资的底层逻辑是使投资者最终收益不同的根本原因。

悲观主义者永远正确，但只有乐观主义者才能使得这个世界变得更好。

在股票类基金的投资范畴里，短线比的是跑得快，需要把握主要题材热点。中线比的是买的低，需要选择合适时机进入。长线比的是逻辑硬，需要把握住指数基本面或者基金经理。投资期限越长，潜在高收益的基金值得考虑；投资期限越短，就需要考虑稳妥的工具产品。认清自己的承受能力和认知自己的能力圈，在投资中是一件很重要的事情。

无论是指数基金还是主动基金，最好是选择能够中长期上涨的品种。因为长期往上的贝塔可以熨平部分买在阶段顶部的浮亏，从而最终通过时间的复利达到投资效果。

不管入门之初选择加入"剑宗"还是"气宗"，最终在进入高阶基金投资的时候，"剑气融合"成为驱动基金投资者的投资逻辑。

对市场整体的研判、行业和板块的把握、基金经理的挖掘、被动投资和主动投资产品的选择等，能够形成合力，从而构成立体的投资框架。

一般情况下，卖出持仓中的一只基金有三个理由。一是看错了，二是收益达到预期目标不再持有，三是投资逻辑发生变化。

投资最重要的是复利，以可持续、可复制的方式，方能在长跑中胜出。

投资者需要理解基金经理在投资中的两难境地，给予在某些时间暂时落后市场的基金经理多一点耐心。

参考资料

达利欧，2018. 原则［M］. 刘波，綦相，译. 北京：中信出版社.

格林诺德，卡恩，2014. 主动投资组合管理［M］. 李腾，杨柯敏，刘震，译. 北京：机械工业出版社.

汇添富基金管理股份有限公司，2019. 投资洞察［M］. 上海：上海财经大学出版社.

马克斯，2015. 投资最重要的事［M］. 李莉，石继志，译. 北京：中信出版社.

曼昆，2003. 经济学原理［M］. 梁小民，译. 北京：机械工业出版社.

邱国鹭，2014. 投资中最简单的事［M］. 北京：中国人民大学出版社.

申银万国策略研究团队，2014. 策略投资方法论［M］. 太原：山西人民出版社.

史文森，2010. 机构投资的创新之路［M］. 张磊，杨巧智，梁宇峰，等译. 北京：中国人民大学出版社.

张磊，2020. 价值［M］. 杭州：浙江教育出版社.

周金涛，2017. 涛动周期论［M］. 北京：机械工业出版社.